耕せど耕せど

久我山農場物語

伊藤礼

東海教育研究所

耕せど耕せど

久我山農場物語

耕せど耕せど――久我山農場物語

目次

耕せど耕せど――久我山農場物語

装画・挿画　＝後藤美月
装　　幀　＝Malpu Design（宮崎萌美）
本文デザイン＝Malpu Design（大胡田友紀）

耕せど耕せど——久我山農場物語

第Ⅰ話　――　七月

農場案内

及びナスに関する感想

規模は小さいが農場を所有している。

だが、規模は小さくても、耕耘機《こううんき》を駆使して耕作しているから本格的であると言えないこともない。

農場はどこにあるかというと陋屋《ろうおく》の食堂の窓の外にある。食堂はテーブルと椅子四脚を置いただけの小規模の部屋だ。毎朝毎晩食事をするとき、ここの椅子に腰を下ろすと目の前に農場が見える。そこに生えている作物というのはこの二ヵ月についていうとナスだ。ナスが四本植わっていて、わたくしは食事のたびに四本のナスの木を眺めることができる。

数年前までは、食事をするとき見るのはテレビであることが多かった。しかし農場を運営するようになってからは、テレビ番組を見ることは無くなった。人生はテレビ番組を見るには短すぎるのである。そのかわりに作物を見る。それが今夏はナスである。ナスはテレビと違って清潔で清楚で愛らしく、知的で奥床しく、いつも成長の努力をしている。いつまで見ていても見飽きない。ナスの成長への健気な努力を見ていると、見習わなければいけないと思う。ナスはひとに希望を与えてくれる。ナスの世界は奥深い。

さて、わが農場のことであるが、わたくしは漫然と農場を運営しているのではない。態度は真剣である。農場というのは季節とともに歩まなければいけないから、いいかげんな態度でやってゆくことはできない。季節は刻々とうつろう。漫然と怠ける人間には農場を運営する資格はない。農場を運営するひとは忙しいのである。わたくしは本来、実業的性格の人間ではないが、農場を始めてからはかなり勤勉に生活するようになったのであった。

ここで、農場運営に際しての勤勉とは何か、ということが問われることになると思うのであるが、わたくしに言わせれば、それは怠けずに記録をつけることである。ものごとはすべて記録が土台となって始まる。過去の記録があれば怠けずに、今年、来年の計画も立案できる。季節の移り変わりと、作物の成長段階を認識し、季節に先立って行動できるようになる。だから、まず記録をつけるのが大事である。わたくしはこれを強調したい。

というわけで、わたくしの手元には小さな帳面があり、これに季節ごとの農事が記録されている。とわたくしが言えば、ひとびとは、その手帳にはどういうことが書かれているか興味を持つに違いない。であるからここに本年の春の、農事開始の日のメモを紹介しよう。

《三月二十二日　火曜日　朝食後、コタツで寝る。十二時、アンパンふたつ食べてから農作業にかかる。耕耘機のガソリンがすこししか入っていないので、七五〇CC作って一升ビンにいれておいた三〇対一の混合ガソリンをタンクに入れる。雨で土が重くなっていて刃にへばりついたのを、三度コソギとる。耕耘機で東から西まで五メートル、三畝《うね》ぶんを二往復。昨年の、袋に残っていた苦土石灰と牛糞を入れてさらに一往復する。これで冬のあいだに固まっていた土はこなごなに砕かれた。ふかふかになった。二時間ぐらいの作業。あと、残るは西のエシャレットとネギとルッコラの三畝。東のコマツナとレタスの三畝。明日、また石灰と堆肥と牛糞を買ってこようか。》

このメモによって、まず三月二十二日に、本年の農場運営が開始されたことが分かるではないか。土が耕され、石灰が撒《ま》かれたのである。こういうことは多くの場合、すべて肉体労働によって行うのであるが、悲しいかな、わたくしは老齢期にいる人間だ。昔なら平気だった鍬《くわ》の作業を行うとたちまち腰が痛くなる。息も切れる。腕から力が失せる。目がまわってふらふらになり、なにかにつかまらないと倒れそうになる。それであるから、耕耘機を使用することにしたのである。耕耘機によって土を耕す。耕耘機はダダダダダダダダと高音を発してまことにうるさいが、高齢者であるわたくしのまことに良き友である。

さて、メモはわたくしが五メートルの畝三本を耕したことを明らかにしているのであるが、それとともに、農場には、ほかに西と東に三本ずつ処理すべき畝があることをも示唆している。

農場の東西の長さは約十三メートル、南北は約三メートルである。約という文字を用いたのは、庭の中であるから耕しようによって増えたり縮んだりするからだ。

この東西の長さをわたくしは三分割して運営している。であるから、畑は東農場と中農場と西農場ということになるのであり、農場ひとつの大きさは約四メートル×約三メートルということになる。そして、この日、三つの農場のうちの中農場が耕されたということが帳面に記載されていたのである。「東のコマツナとレタスの三畝」というのは、東農場に昨年の作物がそのまま残っていることを示唆している。コマツナもレタスも三月末になると三尺ぐらいの背丈になり、トウが立っている。西農場のルッコラも同様である。ルッコラなどというのはせいぜい二十センチぐらいの植物かと思っていたが、そんなことはない。三月ともなるとやはり三尺ぐらいになっている。若い頃のルッコラは柔らかく優しく香り高く、楚々とした朝食の食卓の添え物であるのであるが、こうなってくるとまるで化け物だ。

これらの菜類は昨年の秋に蒔《ま》いたものだ。年末から正月にかけてボチボチ摘んで食べていたのだが、いつしか蒔いたものが一家が食べるスピードより速いスピードで成長し始め、食べても食べても追いつかぬどころか、ついにはかれらの成長に追い抜かれて、食べきれぬまま二月から三月に突入しここまで大きくなってしまったのであった。こうなっては、これを食べるには馬を連れてくるほかないという具合になっていた。こういうものをわたくしは二月頃から毎朝食堂の窓越しに眺め、何とかしなければいけないと思いつづけていたのであった。

そうこうするうちに日は経ち三月も下旬に突入していた。わたくしは自転車で杉並、練馬、武蔵野、三鷹など東京都の西部地方のあちこちを検分することを常とする人間なのであるが、これらの地域に残る農家の本式経営の畑を見ると、三月に入るといつの間にか地面は耕され、一面に石灰が撒かれて、場所によっては堆肥が積まれている。種蒔き、植え付けの準備がなされているのであった。そういうものを見るにつけ、こんなふうに暢気《のんき》に自転車に乗っている場合ではない。一刻も早く帰宅し耕耘機を引きずり出して農事に励まなければいけない、と思うのであるが、なかなかそうもいかないのが人生というものなのである。かくて、平成二十三年のわたくしの農事事始は三月の二十二日になってしまったという次第なのだ。

だが、三月二十二日というのが、エンジン付耕耘機を引っ張り出して土をかき混ぜるのに遅いというわけでもない。まだまだ大丈夫だ。だいたいわが日本においては、種蒔きは桜開花を中心に考えればこと足り、苗植えはさらに後になるのである。であるから、わたくしを怠けすぎていたと叱るひとがいるとしたら、そのひとは無知の誹《そし》りを免れないであろう。

さて、わたくしは本稿を自らの手で栽培するところのナスについて語ろうと考えて筆を走らせ始めたのであるが、現在のところ、すこし描写の方角がずれていることに気付いたので、話をまたナスに戻すことにしよう。

今年の当農場のナスの出来は悪くない。悪くないどころか、こんなふうに木が大きく育ったのは過去に経験しないことでさえある。苗が植えられたのは四月二十九日で、その後植えられた苗はすくすくと育ち、葉っぱは数も多いし面積も広い。葉っぱの下を透かして見ると、なんということか、すでに長さ二十センチぐらいのつやつやした濃紺のナスが重たげに何本もぶらさがっているではないか。葉っぱを食う虫もいないらしく、以前のように穴も開いていない。葉っぱに穴が開いていないということは大事だ。何よりも大事なことである。これは過去の苦い経験から言えるのである。葉っぱに穴が開いていると木は力を失ってしまうのである。成長が止まり、見るからに哀れな病人ふうになってしまうのだ。

これは二年前のことである。ある日わたくしはうちのまだ若いナスの葉に穴が開いていることに気付いたのであった。しかしそれは気になるほどの穴ではなかった。ナスに限らず、ふつう葉っぱというものは穴が開いているものであるからだ。むしろ穴がいくつか開いているほうが葉っぱが葉っぱらしいと言えるぐらいだ。だから、わたくしは気にしなかった。穴は具体的には二、三センチだった。これぐらいの穴がひとつかふたつ開いていても、普通、誰だって気にしたりしない。ところがそれが穴を開ける作業をしている未知の敵の作戦だった。であるから、翌日の朝、食堂でパンにバターを塗って食べていたりしたとき、その穴はなんだか昨日よりすこし大きくなったように見えたりしたが、気のせいであるように思ったのである。よしんばすこし大きくなっているにしても、それは開いた穴を風が通り抜けたためにそうなったにすぎない。むしろ風が通り抜けるのは植物にとって良いことじゃないか、好ましいことじゃないか、という具合に考えたのである。その翌日、穴はまたすこし大きくなっていた。こんどは、一昨日はあんなに大きくなかったな、とはっきり言えるぐらいの大きさだ。だが、ナスの葉っぱというのは結構大きいものである。大人の手のひらよりずっと大きい。だから、この日には、あれぐらいの穴があっても大勢に影響はない、と考えた。それにナスの葉っぱは一枚だけというわけでない。二十枚ぐらいはあるからこの一枚にかなり大きな穴が開いていていても、樹勢を左右することになるわけではない、と思ったのである。

そのようなふうに日を過ごしているうちにある日突然、ナスの木になんだか力がないようだと気付いたのである。自転車で巡回する練馬方面で見る農場のナスの木の背丈はわたくしの腰ぐらいあるし、どの木にも大きなナスが五個、中ぐらいが五個、小さいのが五個ぐらいぶら下がっている。どのナスの実にもずしりとした重みが感じられたし、表面は濃紫色でつやつやしていた。木には大きな葉っぱが沢山ついていて、ナスの実は葉の茂みの中に隠されるように重くぶら下がっているのであった。どれも形は真っ直ぐ、下に向かって垂れている。垂れたまま日一日と大きく立派に成長しているように見えるのであった。

それにくらべるとうちの食堂の前に生えているナスは明らかに貧弱だった。練馬のナスは七月の太陽の光を受けてすくすくと伸びていた。光線が強ければ強いほどどんどん伸びてゆくように見えた。だが同じ太陽に照らされているのに、うちのナスはかんかん照りの太陽で熱中症を起こしているみたいに見えた。光線が強ければ強いほどしなびてゆくように見えるのであった。だいいち木の高さがぜんぜん低い。練馬のナスより二尺は低いし、葉っぱの数もすくない。練馬のナスの木は商売繁盛の店のように景気いいが、うちのナスは仕入れのお金もなくて倒産寸前の商店のようだ。木の太さだって格段にちがう。実だって大中小全部あわせても数は半分だし、一番大きいのでも数日前から十センチぐらいで低迷しているのである。

大きさもだが、うちのナスは形が良くなかった。真っ直ぐストンと伸びていない。曲がっている。勾玉《まがたま》のような形だ。表面に艶がない。それだけでない、ところどころバッタにでも食べられたのか茶色い傷がついている。包丁でふたつに切れば、練馬のナスの切り口は草色がかった白で、肉の組織はしっとりと引き締まっているにちがいないが、うちのは薄茶色で肉はボソボソしているにちがいない。だいたい、ナスにかぎらない。インゲンやサヤエンドウなど、豆類でも出来がわるいのは勾玉形になる。ひどいのは釣り針形だ。樹勢が衰えて終わりにちかくなるとたいていそうなる。

なぜこういうことになったのか、と二年前、わたくしは考えたのであった。肥料が足りなかったか、配分が不適切であったか、苗が良くなかったのか、土の耕し方が良くなかったか、根っこに根切り虫がすんで栄養を吸い取っていたか、などなど原因はいろいろ考えられた。そうして最後に到着したのが虫食いだらけだった葉っぱのことだった。葉っぱというのはいわば植物の太陽電池のようなものであるのに、成長期にこれが虫に食われて栄養不足におちいっていたのだ。葉っぱが十枚あるべきとき、五枚分しかなかった。それが原因だったのだろう、と結論を下したのである。

その次の年、昨年であるが、わたくしは葉っぱの穴を問題視することにした。ナスの葉っぱの穴というのは何故あくのであろうか、とまずわたくしは考えたのであった。よく分からなかった。空気中のオゾンか何かのせいかもしれない。しかし、穴のことを虫食いというから、やはりどこかから夜中にでも虫がやってきて食べているると考えるのが妥当であるようだった。ではそれはどういう虫なのか。夜の何時頃になると来るのか。そいつは這ってくるのか、それとも飛行してくるのか。その虫は捕獲可能であるか。もし捕獲可能ならわたくしはその者を捕らえて、どこか遠いところに連れて行って捨ててこようと考えた。

そのように油断無く身構えていたので、ある日わたくしは穴を発見することが出来たのであった。穴はまだ大きくない。だが、前年の失敗は穴がちいさかった時、相手を甘く見たために生じたのである。今年はその轍を踏まないぞ、とわたくしは心中ひそかに決意していたのだ。

夜暗くなったとき、わたくしは懐中電灯を手にして農場に出てゆき、ナスの木にそっと近づいた。葉っぱを食う虫は夜来るにちがいないと思ったからである。この年もナスの木はやはり四本で、それを東農場と西農場の二ヵ所に分けて植えておいた。二ヵ所にすれば虫の害も分散されると思ったからである。ナスの木は二尺ぐらいになっていて、一番花は咲き終わり、十センチぐらいの実がひとつついていた。

わたくしはまず、移植コテでナスの根元の土の表面を掻き回してみた。虫が潜んでいないか調べたのだ。こうやっていると茶色の根切り虫が見つかることもある。だが根切り虫は発見できなかった。つぎに葉っぱの裏を懐中電灯で照らして調べた。これは案外やりにくい作業だった。地面からあまり高くないところに葉っぱは広がっているからそれを裏返したりして調べるのだが、しゃがんだ姿勢をもっと低くしなければならない。地面に膝を突くだけで間に合わず、肘まで突くことになる。そんなことをしているとやぶ蚊が足首に何匹もタカって来る。足首の血管に針を刺して血を吸おうとするのだ。昨日か一昨日までボーフラだったくせに、暗い中でわたくしの血管の在り処《あか》を探り当てるのは生意気と言うより、あきれると言ったほうがいいぐらいだ。蚊を追い払いながら、ナスの葉っぱを裏返して調べたのであるが、ついにこれといった犯人を発見することが出来なかった。コナジラミみたいなのが付いている葉っぱはあったが、コナジラミにあんな大きな立派な穴を開ける実力があるとも思えなかった。肉体が地面とナスの葉っぱとコナジラミと格闘しているうちに、わたくしは腰部に苦痛を覚え始めたので犯人探索はここで中止せざるを得なくなった。

ナスの葉っぱに穴が出来る過程を解明するためには、本来はさらなる努力を重ねるのが本当であったかもしれない。しかし、やってみれば分かることだが、こういう探索作業は一度やるともう二度とやる気になれないものである。しかし、昨年のように穴を見ながら手を束《つか》ねているわけにもいかない。それで、翌朝、わたくしはキンチョールのスプレーを持ち出してきてナスの葉っぱのうらおもてに霧を吹きかけてものごとの結末を付けたのであった。

キンチョールが効いたのかどうか分からないが、昨年はついに葉っぱに大穴が開くことは無く、樹勢も前年より良く、すくなくとも真っ直ぐなナスをどの木からも三本以上収穫することが出来たのである。しかし、それでも、どう贔屓目《ひいき》に見ても、木の大きさ、繁茂の仕方などの点において、練馬のナスよりは数段格落ちであると言わざるを得なかったのである。

そして今年である。今年はすごい。ナスの木の成長は練馬のナスに近い、と言える。葉っぱは大きいし、数も多い。冒頭に述べたように、すでに何本もの重たげなナスが長々とぶら下がっている。それだけでない。先輩に続けとばかり、続きが多数枝に生っているのである。昨年に比べると、花の数も多い。だいいち花の大きさがちがう。古来「親の意見とナスビの花は百にひとつの無駄が無い」という言葉があるように、咲いた花はすべて実になるのである。花が大きいから今年は実も大きいだろう。木の数は、さきに述べたように四本である。一本の木に三十個生るとしても、四本だと百二十個のナスを今年わたくしは食べなければならないのである。どのようにして食べるか。まず、二十個はバター焼きにする。二十個はシギ焼き。二十個は糠《ぬか》味噌。二十個はひき肉炒め。二十個は麻婆ナス。二十個は味噌汁。　いちおうそういう計画をたてている。

第2話 ―― 八月

エンジンカルチベーターを購入したことと使用開始までの年月のこと

前回、四本のナスの木に関する感想とともに、農場は三区画に分かたれており、ナスの木はそのうちの中央農場で栽培されているものであることを記した。となると、読者は恐らく、ではあとの二区画、東西の二農場はどうなっているのか知りたいであろう、とわたくしは考えたところなのである。

であるから、そのことを記す。まず西農場である。これについては、四月二十八日の農場記録に《夕方五時頃から農作業。エンジンで西側三畝深く耕し、スコップで穴を掘って、コンポストで腐らせたものを二杯か三杯運び、埋める。》という記述が残っている。やや煩瑣《はんさ》になることを恐れずに、まずこの記述について解説を加える。こういうことである。

まずエンジンという言葉であるが、これについては前回、文頭においてわたくしはたしか耕耘機という言葉を用いたと思うのであるが、それを指す。耕耘機はエンジンで動くからである。実際のところ、この耕耘機の正式の名前は「エンジンカルチベータ　RCVK-4200」という。製造会社の名前はRYOBIである。

言うなれば、エンジンカルチベーター。良い名前である。スマートである。魅力的な名前である。想像力を刺激する。遠い地平線。青い空。白い雲。広大な麦畑。干し草の匂い。ジーンズのツナギ。かすかなガソリンの匂い。北海道。

この耕耘機にめぐり合ったのは六年前であった。ときどき行くホームセンターで見つけた。各種苗類、肥料や培養土、その他農業資材をたくさん並べている店だが、そのときまでこの店で耕耘機などというものを見た事はなかった。であるから、見た瞬間、はっと驚いたのであった。

小さな耕耘機だった。耕耘機についての知識はなかったが、たぶんこれ以上小さな耕耘機はないだろう、とわたくしは一目見たとき考えた。耕耘機というと、人間が乗って何百メートルも耕してゆく大きなトラクターを考えがちだが、これだって耕耘機であることは同じだ、と、わたくしは好意的な気持ちになって考えたのであった。そうか、こんなに小さい耕耘機もあったのか。小さいが生意気にもエンジンの下に卍形のナタ爪がついている。こんな小さな爪で本当に土が耕せるのだろうか。

新品はぴかぴかしている。こんなささやかなものでも、新品の機械物はいいものだった。将来、いつか、故障するかも知れない。しかし、今は新品だ。乱暴な、無理な使い方をしなければ、エンジンカルチベーターはかれ自身に可能な範囲の仕事を忠実に果たしてくれるだろう。

わたくしはそう考えた。そして、そっとハンドルを握ってみた。そうするといつまでも握っていたくなった。しかし、これは商品であるから、やたらになでたり握ったりすることは遠慮しなければいけないということに気付いた。女だって、まだ自分のものでない場合になれなれしくあちこち触るのはルール違反である。そういうことであった。

過去、シャベルや鍬ではずいぶん土を耕してきた。だがエンジン付き農耕桟具を使ったことはなかった。未知の道具だ。わたくしはこの機械に急速に惹きつけられた。値段はいくらだろうか。値札を見て、腹の中で勘案した。買えない値段ではなかった。そうなってくるとこの機械が一台しかないことが気になった。わたくしがこの場を去ったあと、だれかがやってくる。そうして、機械を見つめ、同じ事を考える。そうすると、その人物は衝動的にこれが欲しい、これを買おう、と考えるはずだ。すぐ実行するかもしれない。

わたくしは、機械を眺めながら、そう考えた。考えがここまできたとき、わたくしはこの場を外すのがたいへん危険だということに気付いた。さらに、わたくしより前にこれを見て、どうしようかと今現在考えている人物がそこらに居るかもしれないということも考えられた。その人物が決心して、カウンターに向かいつつある可能性もないではない。となると、いますぐ店員をつかまえて商談を始めることが緊急課題だということが分かったのである。だが、広い店内に店員は見当たらない。わたくしはカウンターに急いだ。

「あっちの売り場に耕耘機があります。畑を耕すエンジンの機械ですよ……分かる？　コウウンキ？　……そう、分かるね？　畑を耕す機械ね……それをね……わたくしがね……欲しいの！　……買いたいの！　買うの！　分かった？」

女の店員に意思は通じたようだった。意思開陳が終わったのでほっとした。あのたった一台しかない機械は、もうすぐわたくしのものになる。なんだか、まずしい生活に革命がおきたような気持ちになってきた。清水の舞台から飛び降りたら人生に新しい光が差し込んできた、と、そういう気分になったのであった。耕耘機のハンドルは折りたたみ式になっているから、自動車に積んで帰ることが出来る。耕耘機用のガソリンは帰路にエッソで買えばいい。もうすぐだ。値段は普通のスポーツ自転車一台ぐらいだ。これはカードで払えばいい。脳みその中で、それだけのことは一瞬で考え終えられたのであった。

だが、なんということだ。店員はこう言ったのである。

「あれは見本ですから、すぐお持ち帰りはできません。取り寄せになります。……到着したらご連絡します。一週間以上かかると思いますが……」

今すぐ持って帰ることは出来ない。仕方ない。人生にはこういうこともある。これぐらいの事に耐えられなければ生きていく事はできない。わたくしは差し出された紙片に住所と名前と電話番号を記してカウンターを後にしたのであった。

取り寄せ商品というのは待ち遠しい。お正月が待ち遠しかったときのように待ち遠しかったが、それも最初のうちで、やがて忘れたころ、到着の知らせがあった。物事は、たいていこういうことになる。

自動車に乗せて持ち帰って、さっそく説明書にしたがって組み立てた。作業が完了したときには機械の仕組みも分かってきた。この機械にはオプションとしていろいろの刃が用意されていた。送られてきたのは土を耕す標準の刃で、そのほかに畝を切る刃、草を刈る刃、などが用意されている。だが全部そろえるとなると相当の値段だ。それで当座は標準ですますことにした。

と、ここまで物事は進行したのだが、そのあとがおかしかった。わたくしは、折りたたんで椅子ぐらいの大きさになったエンジンカルチベーターを、車庫の片隅に安置してそのままにしてしまったのだ。そうしておいて、不思議な行動をとりはじめたのである。わたくしはいたるところで、自分が耕耘機の所有者であるということを吹聴しはじめたのであった。しかし、その耕耘機が片手で持ち上げられるぐらいで、エンジンの排気量は四一・五CCという小さいものであることにはあえて言及しなかった。そこまで丁寧に話すと聞くほうの迷惑になると考えたからである。


「へー、すごいね」と、話を聞いてくれたひとはたいていそう言ってくれた。

「それで、それどこに置いてあるの？」

「車庫に入れてある」

「へー……大きいんだね」

「まだ使ってないんだけれどね。これからどこかに広い農場の手当てをしようと思っているんだ。農場が決まったら、盛大に使おうと思っているんだ。だが農場より先にまず耕耘機――これが大事なんだ」

「へー……」

広い農場を取得するあてなどぜんぜん無いのに、そういうふうにあちこちで言いふらしたのである。なかでも取り返しのつかなかったのは、日本文学研究者で、たまたま日本に来ていたアメリカの大学の先生に言ってしまったことだ。アメリカに帰ってから、先生は手紙をくれた。それで分かったのだが、先生はニュー・ハンプシャーに広大な農場を持っているひとだった。勿論巨大なトラクターを持っている。であるから、わたくしの農場も同じような農場かと考えて、今年は何を蒔いたのか、出来はどうだった、と聞いてきたのだ。だが、いまさらわたくしは、エンジンカルチベーターは排気量四一・五ＣＣであり、現在の農場の広さが、三つ合わせても、三メートル×十三メートルの広さだとは言えなくなってしまった。だが残念なことに、先生はすこし前、可哀想に急病で亡くなってしまったから、もうその点について追及される心配はいまは無いのである。

山形県の農家に泊めてもらったときにも、じつはわたくしもカルチベーターを持っていると言ってしまった。この家は二十町歩ぐらいの水田を耕作していて、千万円ぐらいする巨大トラクターがあったから、それならば及ばずながらわたくしもエンジンカルチベーター所有者であると自己紹介したのである。この場合は問われるまでもなく、しかしそれはごく小さな玩具のようなものであり、所有はしているがまだ使用したことはないと謙遜して言った。そうするとサダチャンと呼ばれていた、人の良いその家の主人が、手押し小型カルチベーター使用の際に心得ておくべき注意事項を教えてくれた。

こういうことだった――。

まず、住宅の庭というものは畑と違って土が固い。さらに小型耕耘機はそれ自身が軽い。だから、カルチベーターを地面に置いて、リコイルスターターをえいやっと引っ張ってエンジンをかけるときは細心の注意が必要だ、というのだ。

どういうことかというと、カルチベーターは、刃が地面に食い込まないまま、地上を車輪のように走り出す可能性がある。そうすると、両手にハンドルをもった人間は、あわててそのままカルチベーターに引っ張られて走ってゆくことになる。であるから、小さいからといって甘く見てはいけない、とサダチャンは言ったのである。

なるほど、と、わたくしは考えた。大いにありうる事だった。よくぞ、そういう注意をしてくれたものだと感謝したのであった。

そうすると、サダチャンはさらにこういう事例がある、と話してくれた。サダチャンの知り合いのお婆さんが、使いやすそうだと小さな耕耘機を買って、庭で試そうとしてエンジンをかけたとき、土が固かったために、地上を走り始め、結局お婆さんごと、突き当たりのブロック塀に激突してしまった。そういう話だった。

なるほど、本体が軽いとそうなる可能性があるだろう、とわたくしは深く納得して東京に帰ってきた。その後も月日は進行し、わたくしは残された人生がますます短くなってゆくのを感知してはいたのだが、車庫の片隅に置かれたエンジンカルチベーターを引っ張りだそうとしなかった。

その責任は他ならぬわたくし自身にあることは明らかだった。しかし、その態度を改めようとしないのであった。考えてみると、エンジンカルチベーターを使わなくてはならない義理というのも無いのであるから、使わなかったことが論理的に間違っているとは言えない、とも、言えるのであった。

使用せぬまま年月は流れて行った。しかし、それは、わたくしの念頭からエンジンカルチベーターのことが消えていたということではなかった。山形以降、今度は、わたくしは、会う人ごとに、なぜエンジンカルチベーターを使わないか、その理由を話すようになったのである。

「あのね、わたくしはエンジンカルチベーターを所有しているんだ……ところがこれが小型で軽いんだ……だからね、うっかりするとね、地面の上を走り出してブロック塀を突き破って道路に出て、止まらなくなって、どこまでも走ってゆくという危険性があるんだね。だからね、エンジンカルチベーターを使用する前に、庭の土を柔らかくしておくことが求められるんだ……しかしエンジンカルチベーターを使うためにシャベルで土を耕しておくというのも変な話だろう？　……きみ、どう思う？」

そんなふうに説明するのであったが、この話に乗ってきて、「ほう、そうですか……そうなんですか!!」と素直に対応して感心してくれる人はすくなかった。残念だが、多くの現代日本人は農業に無関心だった。せっかくの話であるのに、右耳から左耳に、あるいは左耳から右耳に聞き流して平然としている。人間にいちばん重要なのは食べものであるのに、その生産過程に無関心だ。そのくせ、いざとなると意地汚く、あさましく、食べものにたかってくるのは彼らなのだ。

かくてまた年月は流れていったのだが、三年前だったろうか、春のある日、わたくしはついに行動を開始した。折りたたんだエンジンカルチベーターをガレージから引っ張りだしたのである。使わない理由はすでに友人知人全てに満遍なく行き渡ってしまったので、使わない理由がなくなっていたからだ。であるから、次のステップとして、エンジンカルチベーターの熟練した使い手になることを志したのである。

まず、燃料が必要だった。取り扱い説明書によると、燃料は混合ガソリンである。混合比は二五対一から五〇対一、と幅がある。ガソリンは無鉛ガソリン、オイルは2サイクル専用FC級オイルである。わたくしはさっそくポリタンクを持ってガソリンスタンドに駆けつけた。ところが断られてしまった。ポリタンクにガソリンを入れるなんてとんでもない、ちゃんとした専用タンクを持ってこなければ売ることはできない、と、そう言われたのである。もうこの世の中に七十年以上暮らしていたのであったが、そんなことも知らなかったことを知り、わたくしの魂は深く傷つけられた。だが、ここでめげてなるものか、とも考えたのである。知らなかったのはたかがガソリンの容器のことではないか。そんなことでめげていては複雑怪奇なる現代社会で生きてゆく事はできないのである。

わたくしは、ホームセンターに行き、自動車用品がぎっしり並んでいる棚の前を行ったりきたりして、目的のガソリン専用容器を発見した。ガソリン容器は鉄板製だった。赤いラッカーでつやつやに塗ってあった。蓋もパッキン付きでしっかりしている。取っ手も付いている。がっちり出来ていた。容量に大小があったが、買ったのは最小の三リットル入り。それでもずしりと重い。これは一生ものだ、大切に使おう、とわたくしは考えながら店を後にした。

わたくしは、買ってきたガソリンをエンジンカルチベーターのタンクに流し込んだ。タンク容量は九五〇CC。満タンにすれば一時間ぐらい運転できると取扱い説明書に書いてある。しかし、畑はそれほど広大ではない。三十分も運転できればいいだろう。それでわたくしはタンクに半分入れた。それから地面に一尺ほどの穴を掘り、エンジンカルチベーターをその中に入れた。エンジンがかかって急に走り出そうとしたときへの対策である。

ついにエンジンをかける段階になった。エンジンをかけるのは手動である。リコイルスターターという紐を引っ張るのだ。しかし、ただ引っ張ればいいというものでもなかった。それにはそれで手順があった。まずガソリンをキャブレターに送り込まなければいけない。そのためにプライマポンプを動かす。この機械のプライマポンプは、半円球の形をしていた。大きさはペットボトルの蓋ぐらい。ゴムまりを半分に切ったようなプラスチック製である。これを親指に力を入れてプカプカと十回ぐらい押してやる。そうするとガソリンがキャブレターのほうに送られてゆく。そのようにしておいて、チョークレバーを引く。これでスタート準備完了だ。あとは自分の片足をカルチベーターの頭にあてがい、もう一本の足で地面に片足立ちになり、エイヤアとばかり力いっぱいスターターの紐を引っ張るのである。

エイヤー、とわたくしは引っ張った。シリンダーの中でピストンがグルグルと二、三回動いた感触はあった。しかし、まだ反応しない。それから同じようにさらに五回、間を置いて引っ張った。カルチベーターはブスン、ブスン、ブスン、と不機嫌そうな音を三度立てた。

もう一度……。ブブブブン、パン、ビビビビビビビビビビビビ……。

エンジンはついに始動した。

どうだ！　すごい！

わたくしはスロットルレバーを親指でゆっくり押し出した。

ブワンブワン……ババババババババ……ダダダダダダダダダダダダダダダダ……。

穴の中でエンジンカルチベーターの刃がゆっくり回転を始めた。

……ダダダダダダダダダダダダダダダダダダダダ……。

「成功」という言葉が大きな活字となってわたくしの脳みその中に印字されたの

であった。

わたくしは今回の稿において、東及び西の農場の現況報告をする予定であったが、いま、不幸にして与えられた紙数は尽きてしまったことを知るのである。仕方ない。両農場の現況報告は次稿において果たそうと思うのである。

第3話 —— 九月

雑草繁茂のこと クワイ栽培に着手した事情

前回、わたくしは当家の西農場を紹介する心持ちを抱いて書き始めたのが筆が滑り、結局エンジンカルチベーターの説明に終始してしまった。

いちど心がなにかの方角に向いてしまうと、そうしてはならぬと思いながらもどうしようもなくそこに集中し、引き返しようもなくなってしまう。前回の文章はその見本のようなものだった。西農場のことを書くという看板をかかげながら、結果的にエンジンカルチベーターの話に終始してしまった。これは自戒しなければいけないことだろう。

そういうわけであるから、今回あらためてまた西農場について記そうと思う。

だが、わたくしはここで考えるのだが、農場というものは季節の進みによって状況がどんどん変わるものである。思い返すと、当農場記を書き始めたのは六月だった。六月に中農場において立派なナスの実がたくさんなり始めたことを書いた。それが驚くなかれ、六月の状況を書き尽くさぬうちに、いまはもう八月も終りにちかい。かくも速やかに時は流れた。当然のことながら、現時点における農場の景観は、六月に書こうとしたときとはまったく異なっている。

どう異なっているか。

わたくしは率直に記そう。

現時点、八月における当家の農場は西だけでなく、東も中もすべて草茫々である。二ヵ月間、生えてきた草を抜かず放置しておいたのだ。そうすると農場というものは土が肥えているために雑草もじつに良く育つ。その結果、いま農場は膝を没するほどの草の下にある。したがって、雑草の下には、春丹精して植え付けた作物が存在しているはずであるが、実際はそれらがどのような状況になっているか、わたくし自身、まだ確認の労をとっていないので知りようがない。

わずかにピーマンとシシトウとオクラだけ、雑草の間からかろうじて頭を覗かせている。これらは雑草に埋もれながらも、自分たちを植え付け、肥料を与えて育ててくれた育ての親であるわたくしのために、実をつけている。律儀なのである。心打たれることではないか。であるから、わたくしは毎朝、起床すると、つっかけを履いて雑草の中に踏み入り、実の採取に努める。そうするとどういうことになるか。雑草地帯から抜け出したわたくしの脛《すね》の毛の中に、蚊がたくさん捕らえられてもがいていることを発見するのだ。その数は二十四から三十四におよぶ。こういうことになってしまうのは、わたくしが半ズボンをはいているためである。

今夏のように猛暑が続いては、長ズボンをはく気持ちにはなれない。結果として、脛の毛の中に蚊を蓄えたまま家の中に入ると、毛の中からもがき出た蚊が部屋の中を遊弋《ゆうよく》し始める。そうすると家人に注意される。まあ、あんた、蚊だらけじゃないの、蚊はちゃんと外で追い払ってから家に入ってくれないと困るわよ、と言われるのである。

さて、いまわたくしは、またもや話題が逸《そ》れ始めたことを知る。前回、エンジンカルチベーターに関する叙述に熱中したときの過ちを繰り返そうとしている事に気付く。六月の時点における農場の状況報告をすると言いながら、八月のことを言い始めたのである。であるから、蚊の問題についてはこれまでとし、あらためて六月の時点に戻って、農場に関する報告を完結しようと思う。

では、六月時点における西農場の状況はいかなるものであったか。

その叙述に移ろう。

六月中旬時点において西農場に生えていたのはピーマン、シシトウ、オクラ、ネギ、ミズナ、チンゲンサイ、シュンギク、レタス、ショウガ、である。さらに、ここにはすこし前まで、トマトも植わっていたが、中旬の時点では存在していない。今年、当農場のトマトは極度の発育不良状態だったので思い切って整理したのである。発育不良だったのは連作のためかもしれない。同じここの場所に過去三年、わたくしはトマトを作り続けていたことを思い出し、やはりそのためだったかと考えるのである。

ところで、右に記した野菜はかなりの種類であると言える。であるから、当農場の規模が東、中、西の各農場ともに約三メートル掛ける約四メートルであることを考えると、そんなに狭いところにそんなに多種類の作物を植えていいのか、と疑問を抱くひとがいるかもしれない。当然といえば当然である。だが、人間というものは、いったん農場運営を志すと、あれもこれも植えたい、栽培したい、という欲望をおさえきれなくなる。人間にはそういう弱点がある。狭い当家の農場で、かくも多種類の作物が育成されているのは、そういう人間の弱点に起因するものと考えてもらってもよい。

しかしながら、一農場の広さが約三メートル掛ける四メートル、すなわち十二平方メートルであるとしても、これぐらいのものの栽培は不可能ではない。トマト、ピーマン、シシトウは一本あたり九十センチメートル四方の平面があれば生育する。今年は二本ずつ植えたから、六本である。必要面積は五平方メートル弱である。ショウガなどは一本に三十センチ四方あればいい。植えたのは五本である。ネギは五メートルの一畝《うね》。畝の幅は六十センチメートルであるから、すなわち三平方メートルである。というわけであるから、これ以上の説明は不要であろう。この面積でも、これぐらいの種類の作物の栽培は可能なのだ。

以上は数字的説明であるが、現実に六月に畑はどうなっていたのか。数字と現実というものは何事においても異なる様相を示すものであるから、現実の面に焦点をあてて語ることも無駄ではあるまい。

まず、基本的なことを言うと、西農場に畝は四本ある。もちろん、長さは四メートル。それが四本ある。しかし、物事は複雑である。この四本は、四本とも全部同列の条件を具《そな》えてはいない。惜しむべし。南側の二本が、秋分の日に至ると、南側の二階建てアパートの日陰になってしまうのだ。すなわち日照時間に長短がある。春のお彼岸前ももちろん同様である。であるから旺盛な陽光を必要とするトマトやオクラなどをこの二列で栽培することはためらわれる。

では、ここに何を植えるかが問われる事になるのであるが、答えはナッパ類である。六月中旬時点、ここに生えていたのはシュンギク、チンゲンサイ、コマツナ、レタスだった。これらナッパ類は条件不利な畝に植えられたにもかかわらず健闘してくれた。播種《はしゅ》後、日ならずして一斉に発芽し順調に生育し始めたのである。そして、二週間もすると十センチぐらいの若葉が生えそろった。

ものごとがこの段階に至ると、わたくしは朝起きるとなにはさておき、つっかけを足指にひっかけて農場に出かけて行き、朝食のサラダ用にこれらの葉をむしりとり、食卓に準備しておいた大きな西洋皿に敷き並べ、オリーブオイルと胡椒《こしょう》を少量振りかける。それから、台所に入ってガスコンロにフライパンを置き、ガスの着火を行い、ブドウ種オイルを少量フライパンにたらりと垂らし、目玉焼きとベーコン二枚の料理をする。そして玉子とベーコンに適当な熱加工が施されたのを見極めて、大皿に広げたチンゲンサイ、ロケット、レタス、シュンギクなどの緑の葉の上に並べるのである。時には色彩を豊かにするため、あらかじめスーパーで購入しておいたミニトマトを二つ三つあしらう。あとは、パンを一切れ、紅茶を二杯、小鉢に一杯の明治ブルガリアヨーグルト。それが六月のわたくしの定番の朝食となったのである。言うまでもなく、これらナッパ類によるサラダは、新鮮さにおいてこれ以上のものは有り得なかったし、ベーコンと玉子の焼き方も工夫がこらされたものであったから、朝食は満足すべきものであった。もちろん家人が所望した場合には、何枚かのナッパを分け与えるにやぶさかではなかった。

だが七月も中旬になった頃から、驚いたことに農場は全面的に雑草がはびこるに任せられたのである。したがってナッパ類は生い茂る雑草の下になってしまい、いつしか朝食にナッパサラダを用意することも無くなっていた。では、何故そういうことになったのか。農場が荒廃するのを何故放置してきたのか。

これにははっきり断言するに足る理由があったわけではない。さまざまな事情の積み重ねがそういう事態をもたらしたというのが実情であろう。七月に入ってから、家を空ける事が重なったという事もあったし、猛暑のために体がだるくてしかたなかったことも原因に数えてもいいだろう。運動不足を解消するために朝から自転車で諸方を走り、夕方帰宅するとがっくりしていたということもある。胸に手を置いてしっかり考えても、これといった決定的な原因に思い当たらないのである。ただ、強いて言えば、諸原因の中の最大の原因は、わたくしがクワイの栽培に着手し、それに神経を集中し、他の作物にたいする態度が冷淡になったためであったかもしれない。

では、なぜクワイなのか？　わたくしはここでその説明をすることが必要になったような気持ちになる。

クワイとは何か？　クワイがどうしたと言うのか？　何事においても説明は簡単なることが求められるのであることは承知だが、今回にかぎって多少長くなるかもしれない。

クワイというのは慈姑《くわい》のことである。これはお正月のオセチ料理に欠かせぬ一品に数えられている。大きさはクリぐらいであり、食感もクリのようにホクホクしている。しかしある種の苦味があって、クリのように簡単に味を説明しきれるものではない。またこれは、オセチの重箱の一隅に必ず存在するが数は多くない。家族ひとりにひとつかふたつである。そうたくさん提供されるものでないのである。

いまわたくしは、クワイについていろいろ述べたが、クワイがクワイたる最大の特性はさらにまた別のところにあるのである。これは一家のオセチの重箱の中に人数分しか入っていないことにも関連することであるが、オセチ料理以外にクワイにお目にかかることはない、ということである。つまり、一年には三百六十五もの日にちがあるが、クワイを食べるのは正月の限られた一日か二日でしかない。

他の食品を考えてみよう。豆腐とか大根、キャベツとかトマト、サンマとかイカとかマグロ、いやタラバガニでもカラスミでも、一年を考えれば何度も食べている。豆腐などは食べない日のほうが少ないぐらいだ。ニンジンでもトンカツでも、何十回も食べる。海苔とか牛乳なども食べない日のほうが少ないぐらいだ。それなのに、このことは胸に手を置いて考えてもらいたいのであるが、クワイは正月だけだ。六月とか十月にクワイを食べた人がいるだろうか。私事であるが、わたくしは正月というものをすでに七十八回経験した人間であるが、正月以外にクワイを食べた事は無いのである。

クワイというのは一年に一回、正月という特殊事情のある季節に、義務的に食べるだけの、あまり美味しくないものなのだろうか。いや、そうではない。これほど美味しいものはないのである。キャビアが美味しいとかショウロが美味しいとか上海カニが美味しいと言う人がいるが、これらのことをわたくしは認めない。何よりも美味しいのはクワイであるのだ。上品な食べ物である。そこはかとない風味、食感、食後感。天地創造の神は人間にクワイを与えてくれたのだ。わたくしはそれ以外のことで神様を認めたりはしないが、クワイを与えてくれたことでは神様を認めることにやぶさかではない。

クワイというものはそういう食べ物なのだ。

だが、不思議ではないか。なぜわれわれは一年に一度しかクワイを口にすることが出来ないのか。わたくしは、これは八百屋と主婦連合会が仕組んだたくらみではないか、と長年考えていた。主婦連合会が八百屋と結託して、クワイは正月だけ売りましょう、正月だけ買いましょう、と密約を交わしている、と長年考えてきた。しかし、この密約を暴くのには何か途方も無い危険が伴う、と考えてきたのである。であるから、朝日新聞も産経新聞も赤旗も、この事に触れようとしない、と考えてきた。

であるから、この事にこれ以上言及するのは止めよう。

で、ここでわたくしは何を言おうとしていたのか、ということである。

わたくしは、一年を通してクワイを食べることが出来たらいい、と考え、そのために自分の農場でクワイを栽培する事を考えたのである。大量に作り、冷凍保存し、時に応じて冷凍庫から引き出して食べるのである。そう考えたので、今年ついにクワイ生産計画に現実に乗り出したのだ。そうとなると、もう農場の他の作物や雑草の事など眼中になくなったのである。

クワイを生産するには、まずクワイの種イモを確保する必要があることは言うまでも無いが、これは簡単なことでない。しかし、世の中には偶然ということがある。旧知の友人に内田崇という老人がいて、このひとがなかなかの食通で、よくわたくしに食べ物飲み物の話をしてくれる。わたくしがその内田老に世の中でなにが旨いといってクワイに勝る食べ物はないと話すと、かれはカンラカンラと笑ってこう言ったのである。

「あんたも落ちぶれたものだね。クワイだと？　そんなものが旨いなんて、あんたはいままでいったいどんなものを食って生きてきたんだね。あんなものは雑草だよ。おれの修善寺の実家の裏の田んぼにうじゃうじゃ生えている。邪魔だから見つけ次第引っこ抜くのだが、なにしろ雑草だ……。抜いても抜いても根絶できないで困っている。……なに、それなら、種イモを分けてくれだと？　……お安い御用だ。そのうち、実家の妹に言って送らせてやろう……だが、あんたも物好きな男だね」

そういうわけで今年の四月、わたくしのところに菓子箱いっぱいのクワイの種イモが到着したのである。菓子箱の中には五十個入っていた。

調べてみると、クワイというのは一株から二十個ぐらい子イモが出来るらしいから全部植えるとクワイが千個採れる。わたくしはわくわくした。だが、杉並区の住宅街に住んでいるわたくしにとってクワイの栽培は簡単ではない。クワイというのはレンコンのように泥田に出来るものらしいから泥田の用意をしなければいけない。泥田を用意するには池を掘らなければならないし、池には水を供給しなければならない。大掛かりになる。そういうことは万事承知の上でわたくしはクワイ栽培を志したのである。

では、どのようにわたくしは栽培に取り掛かったのか。実は今回に似たようなことをわたくしは三年前にやったことがあった。稲の栽培を企てたのである。このとき、二尺四方ぐらいのプラスチックの箱に土と水を入れ、かきまわして泥田状態にして、その中で育てたのである。箱は二つだった。そして最後に一升ほどの米穀の収穫を得たのである。

わたくしはそのときに使用したプラスチック箱を持ち出して、三年前と同じような泥田をこしらえた。次に、では二尺四方の箱にクワイの種イモをいくつ植えればいいか、と考えた。この時点でわたくしはクワイという植物がいかなるものか全く知らないということに気付いたのであった。どれぐらいの草丈になるのか。イモは泥田の中でどのように出来るのか。どのような肥料を必要とするのか。一株にどれぐらいの面積を要するのか。すべて知らなかった。であるが、ともかく植えなければならないので、前述の箱二つにそれぞれ七個のイモを植えたのである。合計十四個である。

種イモはまだ三十六個残っていた。それを全部植えるには箱があと五箱必要だが、ここでわたくしは考え込んでしまった。あと五箱用意した場合、どうなるか。水の問題が出てくるのである。それは稲栽培で経験済みだった。稲栽培のとき、箱の田んぼの水は、蒸発した分を補給すればいいぐらいに考えていたのだが、これが大間違いだった。七月八月になると稲は大量の水を吸い上げるようになった。すぐに田んぼは水が無くなってしまう。稲が吸い上げて葉っぱから蒸発させるらしい。だから二尺四方の田んぼ二つでも、毎日バケツ四杯の水の供給が必要となったのである。それが、二ヵ月続いたから二百四十杯の水道水を使用した。

わたくしはクワイだって同じように水を吸い上げるにちがいないとにらんだのである。あと五箱追加したら夏の二ヵ月でバケツ千杯は吸い上げるだろう。そうなると労力もいるが、水道代が大変なことになる。というわけで、わたくしは残り三十六個の種イモの処遇の問題で頭を抱え込んでしまった。

ここで、わたくしはまだクワイの話が済んでいないというのに、今回の当報告書に与えられた紙数が尽きようとしていることに気付いたのである。なんということだ。しかたない。次回に書き足そう。

第4話――十月

クワイが順調に成長したことと
オクラが孤軍奮闘したこと

前回は、当家農場の雑草繁茂の原因は主人がクワイ栽培に心を奪われてしまったためであると述べたのであったが、叙述半ばに紙数が尽きてしまった。であるから、今回はそれに続けて、種クワイを五十個貰ったにかかわらず、プラスチック箱田んぼの面積の都合で十四個しか植えられず、三十六個の余剰クワイを抱えてしまったというところから述べる。

さて、余剰品とはいえ、これは貴重なクワイだった。したがって捨てるというのは途方もないことだった。困ったあげく、送り主の友人内田崇老人に電話して相談すると、畑に埋めておけばいい、畑だってクワイはできるだろう、と言う。

それで、「乱暴なことを言うなよ」とわたくしは言った。「クワイというのはレンコンと同じで泥の中で出来るんだぜ。畑じゃ駄目だよ」「じゃ、どうすればいいというのだ。泥田がないんだろう？　かまうものか、泥田がなければクワイのほうでなんとか工夫するよ」

納得したわけではなかったが、ほかにどうしようもないので処置に困ったぶんは土中に埋めた。内田老は伊豆の田舎育ちで、少年時代畑仕事の手伝いをやっていたから、専門家ではないがわたくしより農事に詳しい。それでなにかと知識を借りるのである。

さて、土に埋めたものはどうなったであろうか。プラスチック田んぼに植えたものより時間がかかりはしたが、少し遅れて芽を出してきた。内田説は正しかったかもしれない。それなら田んぼなんか要らないではないかという理屈になる。わたくしも一度はそう考えた。

しかし、やはりそうでもないことが間もなく分かった。田んぼのクワイは芽を出すとどんどん成長し始めたが、土に埋めたのは成長度がその半分の半分ぐらい。これではいつまでがんばってもクワイは出来ない。仕方なく、わたくしは大きな発泡ポリエチレンの魚箱をもらってきて追加の田んぼをこしらえ、芽を出してきた球を三つ植えた。それ以外は土中深く埋め、その上に菜っ葉を蒔《ま》いてしまったのである。結局、残り三十三個は心ならずも捨てるということになった。もったいないことをしてしまった。

育ち始めたクワイは元気が良かった。どんどん伸びて葉っぱを広げ始めた。葉っぱが広がり始めると、この事業を予備知識なく始めたのでわたくしには発見することが多いことに気付いた。

第一は葉っぱのことである。クワイの葉っぱというものは実に面白い形をしていた。茎が二尺ぐらいになると、その頭に皺《しわ》くちゃな大きな紙縒《こよ》りのようなものができる。それが数日たつと広がってきて、広がりきったとき大きな矢尻の形になるのである。非常に細長い矢尻である。長さは一尺以上もある。そんなふうになったあと、茎はさらに伸びて五尺を越える。すこし離れてみると草全体の姿はサトイモに似ていた。

六月、クワイの株はどんどん大きくなってきた。これは結構なことだったが心配にもなってきた。ちっぽけなプラスチックの箱に七個も植えたのでどう見ても過密である。ぎゅう詰めの満員電車と同じだ。それで思い倦《あぐ》んだあと、意を決して間引きすることにした。幸い泥田の中であるから柔らかい。手を突っ込んで根っこの様子を確かめながら、一箱七本のうち三本を引き抜いた。

八月に入ると泥田の中から根がアーチ状に持ち上がってきた。狭い箱の中で行きどころがなくなり、盛り上がってきたらしい。しかし、もうどうしようもない。毎日、バケツで水を補給するたびに、わたくしは栽培にはもっと大きな箱が必要だったんだなと繰り返し考えた。大きな箱を見つけなければならぬ、とわたくしの脳みそは八月から今日に至るまでそのことでいっぱいなのである。

そうこうしているうちに、九月になって二百二十日の大台風がやってきた。台風が吹き荒れた翌日、箱を見ると、クワイはさんざん風に吹かれて倒れ伏していた。東京中で大木が倒れたほどの風が吹いたのだから当然だった。クワイの茎は見かけは太く立派だが中身はスカスカだったのである。オガラのような草なのだ。わたくしは折れたり倒れたりした茎を立ち上がらせて、棒を添えて紐でくくった。

そうして今は十月。葉っぱは枯れ始めている。収穫は十一月か十二月だという。こんなふうで大丈夫なのか。心細いことである。

もともとクワイの話は農場が草ぼうぼうになってしまった理由を説明するためだったが、話が長くなって、まるでクワイの苦労物語のようになってしまったのは心外である。

であるから、ここでわたくしの取るべき正しい道は、話をもとに戻して畑が草ぼうぼうになったことについて、具体的にいつ頃どうなっていたのか、ということを語ることである。

幸い、ここに草ぼうぼうに言及した文章がある。遅ればせではあるがその一、二を引く。出所はわたくし本人の日記であるから信用するに足るものである。

《七月二十二日　金曜日　晴　やや涼しい　夜寒いぐらい
ナス、明日五個ぐらい採れそう。オクラ明日二個採れそう。畑は全体に草ぼうぼう。先月蒔いたコマツナ、チンゲンサイ、ミズナ、シュンギクなど、まったく収穫せぬまま雑草のなかに見えなくなる。》

《八月六日　土曜日　晴　暑い
オクラ五個収穫。ヘボナス五個収穫。朝クワイに水補給。幹に黒いアブラムシ状の斑点が広がっている。何とかしなければならぬ。畑全体は雑草猛烈繁茂。歩行困難。》

右の描写によって、当家の農場は七月下旬から八月上旬に壊滅状態になっていたことが分かる。しかし、物事にはたいていてい、壊滅状態になっても何か救いというものはあるので、今回の当家の畑について言えばオクラが救い主になっていた。雑草に埋もれながらもオクラが奮闘していたのだ。右の日記でもそれは窺えるが、証拠は多いほうがにぎやかになる。さらに付け足しておく。

《八月十五日　月曜日　晴れ　気温三十五度
オクラ、大、中、小、合計九個収穫。毎日二回クワイに水供給。畑は現在雑草の中。》

《八月二十五日　木曜日　早朝大雨。昼にあがる。気温二十八度。風あり楽。
オクラまた七個。フライパンで炒めて食べる。畑は相変らず草ぼうぼう。何とかしなければ。》

であるから、またもや話がわきに逸《そ》れることは懸念されるが、わたくしはここでオクラとわたくしの関係についてすこしだけ語ろうと思うのである。

言うべきことの第一は、じつはわたくしはオクラ栽培を長いこと敬遠していたということである。遠い昔一度だけ栽培したとき、うまくいかなかったためである。都下の日野というところに住んでいた時のことだ。その時のオクラはなかかなか芽が出ず、出た後も成長が遅くて、七月に入ってようやく伸び始め、八月になってやっとこさ貧弱な実をつけた。失敗したのである。その記憶でオクラからは手を引こうと考えていたのである。ところが、今年の春、種を買う季節にホームセンターに行ったとき、菜っ葉とか大根の種を一通り選んだあと、毎年同じようなものばかり作るのに飽きていたために、ふらふらとオクラに手がのびてしまったのであった。

ここでもう一度農事日記を眺めると、オクラの種を買ったのは四月二十八日で、蒔いたのは翌二十九日である。この日、意外にもわたくしは大々的に農業活動をしている。東農場にコマツナ、ホウレンソウ、インゲン、ネギを蒔いている。中農場にはチンゲンサイ、ミズナ、ロケット、クレソンを蒔いている。途中であるが、クレソンについては説明が必要である。クレソンもまた水生植物であるから水中に蒔くものと考えていたにもかかわらず、種売り場で袋の説明を読むと地面に蒔けと書いてあるから買ったのである。これはたしかに芽は出した。それ以降の推移については後に書くこともあるであろう。西農場にはナス、ピーマン、トマト、サヤエンドウの苗を植えた。

こうやって農事日記を振り返ると、決して広大とはいえない農場にずいぶんたくさんのものを蒔きかつ植えたものだと我ながら驚く。と同時に、苗はともかく、種に投じた資金だけでも相当の金額に達していることを知るのである。

さらにここで指摘しておきたいのであるが、蒔く面積が小さく、必要な種は量的に僅かであるにもかかわらず、袋入りで買わざるをえないから蒔いたあと大量の残りが出てしまう。コマツナの種の一粒は蚊の目玉ぐらいの大きさだから、一袋に千粒は入っているだろう。しかしわたくしの場合、蒔くのは四分の一ぐらいである。残りは無駄となる。ということはわたくしに関してはコマツナの種の値段は、実際は買い値の四倍ということになる。種は一袋二百円ぐらいする。それを八百円で買っているという計算になる。であるから、わたくしは考えるのであるが、家庭農場用の種は一グラム単位で売ってくれると有り難い。

残りの種は来年蒔けばいいではないか、という考え方もあるだろう。しかし、種には有効期限というのがある。古くなった種は信用できない。古いホウレンソウの種を蒔いて失敗したことがある。そのことを前述の内田崇老に言ったら、余った種はフライパンで炒って食べてしまえ、百姓はみんなそうしていると言う。しかし種袋に入った種というのは、余っているといっても絶対量は多くないから、フライパンで炒るにはそぐわないものである。種に関する感想はこれぐらいにしよう。ここらで話をまたオクラに戻すのが筋というものであるからだ。

今年、農場主が不慣れだというのに、オクラはよく奮闘してくれた。全く予期しなかったことだった。実が生るのは夏の盛りまで待たなければならないと覚悟をきめていたのに、意外に早く七月上旬ころから生り始めたと思うと、そんなに毎日生らなくてもいいよと言いたいぐらい生り続けたのである。種の袋には三十粒入っていた。これを三粒ずつ十に分けて蒔き、間引きして一本としたので生えていたのは十本である。その十本がつぎつぎに花を咲かせ、咲いたと思うと次の日には小さな実になる。それからどんどん大きくなる。それが三日もすると指ぐらいの太さになる。八百屋で売っているのはこれぐらいの大きさである。しかし茎に生っているのを見るとまだまだ大きくなりたがっていることを感じるのである。色良く、形良く、艶良く、なによりも精気に満ちている。であるから、栽培主はわたくしであるのは確かだが、かれはすでにわたくしの手を離れて独立独歩、自らの道を歩み始めていると感ぜざるをえないのである。それで、わたくしは食卓には他にもいろいろ食べるものはあると考え、採取を二、三日猶予することがしばしばあった。

ところが、これも本年の新発見のひとつだが、採取の猶予というものはオクラについては良い結果をもたらさないのであった。ナスとかトマトとかピーマンなどの生り物は、採取適期の幅があり、二、三日遅れてもどうということもない。しかしオクラはちがう。一日二日の猶予で様変わりする。気が短いのである。まず体積だ。体積が四倍ぐらいになる。次に色。草色だったのが濃い緑になっている。表皮も変わる。柔らかくみずみずしかった表皮は食えるものなら食ってみろと言わんばかり、猛々しく堅そうになっている。これを採取して台所に運び込めばその家の主婦は、「こんな堅いもの食べられないわよ」と冷然と言い放つのは必定である。

とは言うものの、わたくしはここでオクラの名誉のために言わねばならぬ。生り始めて十日も経ったオクラはともかくとして、適期をすぎて五日目ぐらいまではうるさいことを言わなければ食べられる。包丁の刃は立つのである。

しかしなぜ五日とか十日のオクラができてしまうのか。それには理由がある。オクラの実というのは緑色である。そして木も緑色である。両方とも緑色だから採取作業中、採取適期が来ている実を見逃すことがあるのである。それが五日のオクラになったり、十日のオクラになるのである。もちろん細心の注意をして観察をするが、いかんせん、雑草の中に生えているから見落としもしばしば生じる。雑草の中に蚊が沢山いるということも見落としを助長する。足首や首筋に蚊が群がってくるのは、じっくり落ち着いて観察する妨げになるのである。そのような経験をした者として、わたくしはオクラの実が赤か黄色だったらいいな、と思う。トマトは赤いから熟したものを取り損なうことはないのである。ピーマンだって黄色がある。

オクラというのは杉の木のように真っ直ぐ伸びる植物である。トマトやナスのように枝を出さない。そして形状が椰子《やし》の葉に似た葉を幹から出し、葉柄の付け根に実を結ぶ。その実が適度に生育すると人間が刃物を持って行って切り取るのである。そうすると切り取ったところに切り跡が出来る。切り跡はそこで一個の実が採取された証拠となる。というわけで、九月に入るとわたくしの栽培していた一本の木の幹には沢山の痕跡が下から上に順番に並んでいた。それを数えるとこの木がわたくしにどれだけの貢献をしてくれたか分かる。たいてい、どの木もそのころには二十の痕跡を並べていた。それを眺めてわたくしは大いに満足したのである。だがこの世の生物にはすべて寿命というものがある。季節の移り変わりとともにわたくしのオクラの実は先端をすこし曲げるようになってきた。ナスでもキュウリでも人間でも豆類でも、曲がり始めるのは生物体の精気が衰えた証拠である。わたくしは我がオクラにも退場の時期がきたことを知ったのである。今、我が農場で唯一雑草の中で奮闘してくれたオクラに寿命の限界が見えてきたのである。

さて、オクラの生命力の凋落を感じたとき、わたくしはあらためてわが農場を眺め渡したのであった。東から西まで、農場は広大な荒野となっていた。ススキこそ生えていないがそれ以外の雑草が自由に幸せそうに繁茂していた。かれらの自由な姿を見たとき、わたくしはナッパとかトマトなどを珍重して、かれら自由派を差別的に排除しようとしていた自分の心の狭さを恥じたのであった。雑草を退治するという思想が大きな間違いだと気付いたのである。彼らだって人格のあるりっぱな生物だ。

思い返すと五月、農場に雑草の気配を感じ始めたころ、出てきた先兵はスベリヒユだった。ちいさな厚ぼったい葉っぱを広げて、春の太陽を浴びていたかれらにわたくしはむしろ好感を抱いたではなかったか。同じころ、やはり同じように遠慮深げに登場したのはカタバミだった。これも顔つきは無害そうに見えた。むしろ保護してやらなければと同情したいぐらいだった。それぐらい弱々しく見えたのである。それに続いてオオケタデが登場した。アカマンマの化け物だ。去年どこからか種が飛んできて生えたのを放置しておいたら高さ二メートルになった。これは大物であるが、赤い花の房をつけた風情を愛して秋まで生やしておいたので種を放散したのだ。そのあと、しばらくクワイに熱中していたので、夏の盛りになると、エノコログサとカヤツリグサ、スイバ、カラムシ、イノコズチ。そのあともわたくしが目を逸らしているうちに、ここは自由だ、いいぞと雑多な仲間が入り込んできたらしく、身元など分からない連中もたくさんいた。身元は分からないがどの連中もみんな、わたくしの徳を慕って集まったのである。そう考えるとわたくしは雑草諸君に好感を抱かざるを得なくなった。

だが、それも今日までだ。諸君の命も今日限りだ、ともわたくしは腹の底で考えた。そして冬の食べものを用意しなければいけないから、今日は草刈りだと考え、砥石を引っ張り出して錆びた古鎌を研ぎ始めた。時に九月九日、金曜日だった。農事日記を引こう。

《九月九日　金曜日　晴　すこし暑くなる

庭に茂った草を刈ることにする。西側から刈りはじめた。西と中を終え、東に掛かるが、暑いので一度中止し、シャワー。年をとったので僅か数坪の草を刈っただけで腰が痛くてたまらない。午後すこし寝てからまた始める。四時頃始めて、そろそろ暗くなった五時過ぎに上がり、またシャワー。雑草を刈ったら農場の隅に茗荷《みょうが》が沢山出来ていたのを発見。大きくて重い。上等である。二十個ぐらい取ってアサリの味噌汁に刻んだらうまかった。》

雑草は切り払われてしまったのだ。

第5話——十一月

秋の作付けとクワイ収穫について及び青虫発生のこと

さて今回の報告に登場するのはまたしてもエンジンカルチベーター（以下カルチベーターと略す）である。

前回述べたように農場の草は刈り払われたが、地面にまだ根がはびこっている。全面的に耕し直すことが必要である。しかし鍬《くわ》やスコップでこの仕事をするのは大変だ。そこで、四月に働いてもらったあと、折りたたまれシートに包まれて車庫の隅でちいさくなって休んでいたカルチベーターを、出番が来たぞと言い聞かせて引っ張り出したのである。

農事日記を振り返って見る。秋になってカルチベーターの働いた日付確認のためである、つぶさに調査したところ、カルチベーターは三回出動していた。九月十日、九月二十二日、十月四日、の三回である。

最初の九月十日というのは雑草を刈り取った翌日であるが、この日には、

《カルチベーターを始動してみる。ガソリンがすこし入っているので西から東まで、畑のふちを一本耕してみる。》

とある。思い出すと、これの詳細はこういうことだった。久しぶりに太陽のもとに姿を現したカルチベーターのガソリンタンクを調べると、なんということか、ガソリンの残量はコップ一杯分ぐらいしかない。これでは十分も動かしたらエンストだ。だが、それよりも、長く休んでいたのだからちゃんとエンジンがかかるだろうか。それを確かめようと考えて、例のごとく右手の親指に力を込めて、プカプカと球形のガソリンポンプの背中を押して、ガソリンを気化器に送り込み、それからチョークレバーを所定の位置に置き、リコイルスターターの紐をエイヤッと力いっぱい引いてみたのである。しかし、春から四ヵ月も休んでいたエンジンは簡単にはかからなかった。まあ、それもよいだろう、とわたくしは考えた。長く休んでいたのだから、急に仕事しろと言っても体は動かない。だれだって、

このわたくし自身だってそれは無理というものだ。そう考えたのであった。それから二回。これでエンジンはブスンブスンブスンとなつかしい音を立て、三回目にブブブブブンと連続的爆発音を発し始め、一分ほどで回転はダダダダダダダダダダダダ……と安定してきた。作業開始オーケーとなったのであった。

雑草が刈り取られた東、中、西の三農場はずいぶん広く見えて気持ち良かったが、はびこった雑草どもの根っこは凶悪な顔で地面にしがみついている。手始めに、わたくしは農場の東端から西端まで、農場の縁にカルチベーターで線を一本入れることにした。時計を見るとこのとき、時刻は午後の三時を示していた。これならやれる、とわたくしは考えた。

時刻を気にしたのは、カルチベーターは気が引けるほどけたたましい爆発音を響かせるからである。ダダダダダダダダダダという爆発音はわが農場を取り囲む周囲の住宅の内部に侵入する。赤ん坊が寝ていたりしたらひとたまりもない。それであるからカルチベーター使用は午後三時というような、周辺に雑多な生活音が漂っているあいまいな時刻を選ぶようにしている。周囲には四軒の住宅がある。日頃からわたくしはこれらの住宅の住民に道路で会った時には、笑みを浮かべて挨拶をして好感を抱いてもらうように努力していた。そのおかげか、いままで苦情をもらったことはないが、注意をするに越したことはない。この点でわたくしの気遣いは、羽田空港の経営者に似ていると言えるのである。

意図した農場の東端から西端までの距離十三メートルの耕耘を、カルチベーターは問題なくこなしてくれた。そして、それによって出来上がった一本の黒土の直線はなかなか良い線だった。見事と言ってよかった。鑑賞に堪えた。しかし試運転にこの作業を考えたのは、鑑賞用の黒土の直線を作るためではない。農場外縁の庭木の植え込み地帯と農場とのあいだにけじめの線をいれるためだった。

良い線が出来たことに満足して、わたくしは作業を一時中断、ガソリンを買いに出かけた。そして帰宅後、東農場と西農場を念入りに耕した。

耕した場所に秋作物の種蒔きをしたのは二日後、九月十三日だった。秋の作物植え付けとしてはかなり遅れてしまったと言えるが、遅れたのはぼんやりしていたからではない。それどころか、わたくしは遅れてしまった遅れてしまった、なんとかしなければいけない、と考えながら九月に入ってからの日々を送っていた。だからこの日、種蒔きを終えたときはじつにほっとした。その気持ちの中身は、これ以上遅れなくて良かったという気持ちと、全然あきらめてしまわなくて良かったという気持ち、遅くはなったがこれでもなんとか行くだろうという気持ち、その三種類が混ざり合った気持ちであった。

この日の作業は日記によると次のようである。

《九月十三日　火曜日　快晴

今日も暑くなりそう。予報ではまだ一週間以上摂氏三十度が続くという。朝食後、東と西農場にシュンギク、チンゲンサイ、ルッコラ、コマツナ、ダイコンをそれぞれ半畝《うね》蒔く。種まき地図を作る。それだけで汗だく。くたびれる。風呂に入る。》

カルチベーターの二回目の出動は九月二十二日、中農場だった。この日は九月下旬というのにまだ暑く、昼には摂氏三十一度になっていたが、昼から曇り、やがて雨模様になった。それでわたくしは、ああ夏もこれで終わるのかと無常感を抱き、そのつぎに、ああそうだ、夏の作物の整理をする時期が来たと考えたのである。

中農場にはまだナス、オクラ、ピーマン、シソなどが残っていた。どれも本数はたいしたことはないが秋ともなると図体が大きい。このようなものを整理すれば農場がさっぱりしせいせいすることは分かっているのであるが、昨年まではなかなか実行にふみきれなかった。ナスは剪定して秋ナスを生らせてみようと思うし、シソはまだ青々と茂っているからソバを食べる時の薬味になると思うし、ピーマンは力衰えたといえ秋深くなっても実をつける。毎日二つぐらいの生産はまだ平気だから、朝の卵焼きの付け合わせの役に立つ。オクラは木の頂点に萎縮が見られるがまだ前途有為であると言える。そんなことを考えて、ついつい、いつまでも残してしまうのである。

ところが、この時期、自転車で練馬とか三鷹あたりを走ってみると、このあいだまでの百姓たちのナスやピーマンの畑はいつの間にかキャベツやニンジンやネギの畑に変わっている。百姓たちは立ちまわりがすばしこい。ふんぎりがいい。農場運営には、過去にしがみつかないで前を見て進む態度が求められるらしい。

というわけだったので、今年の九月二十二日、わたくしは新しい人生に出発するという意気込みで、ナス、オクラ、ピーマン、シソを引き抜いた。ナスの木には不格好なひねナスが二つ三つ付いていたがそれはもぎ取って農場の片隅に放り投げた。ピーマンも二、三付いていたのでそれは翌日の朝食用にお皿にいれて戸棚に仕舞った。そうしてカルチベーターのスロットルを開放して景気よく農場を耕しまわったのである。耕した後、堆肥と肥料を撒《ま》いて、さらに土をかき混ぜた。

中農場を耕したあと、作付けは少々日が経って十月に入ってからだった。

《十月四日　火曜日　快晴。一年でいちばん良い日、さわやか、無風。思い立って中農場にふたたびエンジンをかける。二回耕す。畝を三本作り、ルッコラ、ミズナ、ダイコンを蒔く。その他、昨日買ってきた芽キャベツ、ブロッコリ、レタスの苗十本を植える。夜のニュースで明日東京は朝から雨だという。ちょうどよかった。》

種を蒔いたのが十月に入ってからだったのは、前回ナッパ類を蒔いたのが九月十三日であったから日を置いたのである。ということで、秋の農事がひとわたり終わったとき、わたくしは肩の荷をおろした気持ちになった。こういう気持ちは百姓たちも同じなのだろう。だからこの時期が秋祭りの季節になるのだろう。わたくしはお祭りはしなかったが、そのあと毎朝食堂の窓からナッパ類の発芽と苗類の成長を眺め、かれらの順調な生育ぶりに満足を感じていたのである。

ところが、ゆったりしていたのもつかの間だった。

突如わが農場に事件が発生した。青ムシである。食堂の窓から作物の生育ぶりを楽しんでいたわたくしの目を盗んで、青ムシが作物を食い荒らしていた。日記を引こう。

《十月十七日　月曜日　晴れ　清涼
朝と夕、東農場のブロッコリと芽キャベツを見る。それぞれ二、三匹の青ムシ発見。》
《十月十八日　火曜日
朝、芽キャベツで青ムシ三匹発見退治。》
《十月十九日　水曜日　肌寒いのでチョッキを着る
朝、また芽キャベツで青ムシ一匹発見。》
《十月二十四日　月曜日
朝、ブロッコリで青ムシ六匹つぶす。もういないと思っていたがまだいる。》
《十月二十五日　火曜日　晴れ　日中二十五度
朝、芽キャベツで青ムシ二匹つぶす。》
大変なことになっていた。ブロッコリや芽キャベツの葉っぱに穴が開いているのは九月末頃に気付いていた。しかし、ナス栽培のときもそうであったが、作物の葉っぱに穴が開くというのは天然自然のことであるし、むしろ穴が開いていないより開いているほうが作物らしくていいじゃないかという気持ちが根深くわたくしの脳みその中にひそんでおり、そこからの転換が完全に出来ていなかったからこういうことになったのだ。

穴は穴でも程度問題だ、ということである。葉っぱが十枚ほどに育った芽キャベツの外側の葉っぱに三センチぐらいの穴が三つぐらい開いているというのならいい。穴の数がそれ以上増えなければさらに良い。しかし、許せる範囲と許せない範囲がある。

穴のことは最初のうち、これは多分夜、地面の中から這い出してきた虫が食べたのだろうと軽く考えたのである。そして虫にも生活の権利があるからまあいいかと思ったのだ。だが、いま思うと「軽く考える」ということが大間違いだった。政治家たちが国民の追及をのがれようとして一時しのぎに「重く受け止める」という言葉を使うがそれでなければいけない。作物の葉っぱに穴が開いていた場合、たとえそれがちいさくても重く受け止めなければいけなかったのである。

昨年も穴のことを軽く考えたために大損害を受けている。昨年もキャベツ類としてブロッコリ二本とカリフラワー二本を作った。それらはわたくしの小さな庭にひっそりと作られていたというのに、ちゃんと虫どもがやってきて葉っぱを食いたいだけ食ってしまったので、最終的に世間一般にくらべて段違いに遅くなってから、世間一般より段違いに貧弱なブロッコリとカリフラワーを収穫することとなった。

今年わたくしはその反省にたってブロッコリと芽キャベツを植えたのである。危惧しながら植えたのである。すると危惧が現実となったのだ。しかも今年の虫はすごく大胆だった。大胆にもいちばん柔らかく美味しそうな葉っぱを、葉柄がやっと残るほど丸坊主に食べてしまったのだ。

堪忍袋の緒は切れた。わたくしは本腰をいれて、まだ高さ一尺にも達していないブロッコリと芽キャベツの葉を徹底的に調べた。その結果が十月十七日から二十五日までの日記である。日記には「それぞれに三匹」などと書いてあるが、それは三という字が書きやすかったから書いたにすぎず、実際はもっと居た。しかも彼らのすべてが、遠慮がちに葉裏に居たのでなく、葉っぱの表面に悠然と居座っていた。多くは身長二センチ乃至《ないし》三センチである。そうちいさいわけではない。しかし文字通り全身が青いし、葉脈に沿って昼寝していたりするから、まことに発見しにくい。青ムシの青さはブロッコリや芽キャベツと完全に同じ青である。

食べた葉っぱの葉緑素を利用して体を青くしているのだ。悪知恵にたけているのである。

わたくしの人生は青ムシのために変わってしまった。毎朝目をさますと、いまこの瞬間でも青ムシが芽キャベツのいちばん柔らかい葉っぱを食べているかもしれないと思うのである。そうするとフトンの中に安住していられず、がばと跳ね起きてパジャマのまま農場に出撃する。外出中も、青ムシがいま現在ブロッコリの若葉を食べているかもしれないと思うといたたまれなくなり、急遽帰路につく。そういう時、電車ののろさにじりじりする。

日記が語るように本気になって対処したのでついに青ムシは撃滅された。十月二十五日以降に青ムシの記録はない。遂に根絶されたのである。と、そう考えていたのが甘かった。十一月十一日に至りまた発見されたのである。この回は一匹である。場所は芽キャベツの葉っぱの表面。二センチぐらいのやつがアルファベットのCの字の形になって居座っていた。もちろんそいつは即座に処刑されてしまった。しかし、今回、もう居ないはずのものが居たのである。ことは重大だった。それでまた徹底的調査を開始。精密な検査の結果、わたくしは葉裏に青ムシのものらしい直径一ミリにもならぬ黄色い卵を多数発見したのである。その数は数十を数える。葉裏にばらばらにくっついている。こいつらが孵化して動きまわりはじめたらと思うと、事態は重大であった。これに対処するため、わたくしは赤のマーカーで葉っぱ表面に大きな×印を書いた。どんな奴がこの卵から這い出してくるか確認するためである。

さて、いよいよ年も押し詰まってきたが、農場にはもうひとつわたくしが多大の関心をはらってきた作物があった。プラスチックの箱で栽培してきたクワイである。これは農場報告に入れるべき重大な項目である。クワイは九月の大台風のあと元気を失って十月に入ると茎が褐色になり、月末になるとほとんど枯れて、箱の田んぼに倒れ伏していた。その姿は、わたしの人生は全部終わりました、あとはよろしくと言っているように見えたのである。それでもわたくしはクワイはまだ肥るかもしれないと収穫を躊躇《ちゅうちょ》していた。トマトやナスと違って地下に出来る作物だから様子がわからないのである。

だが、季節は移り変わり、おせち料理の広告が新聞の折り込みに載るようになった。わたくしはそれに刺激されて収穫の決断を下した。いまその様子を詳細に記したいのであるが、すでに本稿に残された行数は僅かとなっているから、結論だけ記そう。十一月上旬、わたくしはクワイ掘りに着手した。プラスチック箱三個からなる泥田に手を突っ込んで手探りしたのである。結果、二キログラムのクワイの収穫に成功した。クワイの球には大小があり、大ざっぱに、直径五センチの大玉が五十、それ以下の小玉が五十である。

おせち料理用のクワイ収穫で農場物語を締めくくることが出来たのはわたくしにとって望外の喜びである。これで本報告は季節に追いついたと言えるからである。

第6話　――　十二月

歳末所感
主としてクワイ生産に注いだ熱意に関して

年の瀬である。いよいよ押し詰まってきた。切迫感がある。今年の暮れの切迫感は例年より濃厚である。

何故そうなのかと自らに問うてみたところ、答えはすらすらと出てきた。今年はしなければいけないと自らに課したもろもろのことが例年以上山のように残ってしまったからである。だがもう絶望的だ。どうしようもない。では、何故為すべきことが山のように残ることになってしまったのか、ということになる。

この答えもすらすら出てきた。クワイのためである。今年、わたくしの関心が大きくクワイに奪われてしまったためである。クワイを食べたいという一心で、逆にクワイに食われたという形となった。クワイ生産のことばかり考えて一年が終わってしまったのだ。年の瀬を迎えたいま、クワイとの格闘の記憶がなまなましく想起されるのである。

行く年やクワイクワイの忙しさ。

それほどクワイで年を送ったのに、紙数の関係で前稿におけるクワイ関係の報告は不十分だった。それで今回、多少の補充をすることにする。

すでに述べたところであるが、今年、わたくしはクワイ栽培のために容器を三つ使用した。そのうちの二つは数年前、稲を栽培するのに用いたプラスチックの箱である。長辺八十センチ、短辺五十五センチのものと、それより若干ちいさい、やはりプラスチックの箱。三つ目は発泡ポリエチレンの魚箱。長辺の長さは五十センチ、短辺四十センチぐらいのもの。この三箱にクワイの種芋を十個あまり植え付けたのである。

幸いクワイは草丈高く伸びてくれた。七月八月には盛大に水を吸い上げるのでバケツで水の補給をし、それとともに多少の肥料も補給した。それ以外何をすればいいか考えつかなかったから、栽培といってもしたことはそれだけだったが、わたくしは毎日毎日クワイを眺め、なんとか良い実が出来ますようにと祈らない日はなかったのである。

草が枯れきった十一月、ついに待望の収穫にとりかかったとき、じつにドキドキした。もう喜寿を過ぎた人生にドキドキするようなことは起こるまいと思っていたにもかかわらず、ドキドキしたのである。

収穫は、一番大きな箱から始めた。軍手をはめた手を池の泥の中に突っ込んで手探りを始めたのである。初めは素手を泥の中に突っ込もうと腕まくりをしたが、考え直して軍手をはめたのだ。存在することが期待されるクワイは泥の中にあって目には見えないから、いずれにせよ手を突っ込まなければならない。手がクワイを探り当てたとき、素手がいいか軍手がいいか、そのことを考えて軍手にしたのである。目に見えないものを探るときはそのほうが安全だろうと考えたのだ。

手を突っ込む前、泥の中にクワイが存在しなければがっかりするだろうと考えた。半年かけて育成したクワイだから全く出来ていなかったら、と思うと怖くなった。がっかりするだろうし、がっかりも程度によっては致命的になるかもしれなかった。それをきっかけにボケが始まるかもしれない。だから、わたくしはもしそういうことになっても落胆はするまい、とあらかじめ自分に言い聞かせて手探り作業を始めたのであった。

心配が事実となり、いくら手探りしても指先にクワイの感触は得られなかった。縦八十センチと横五十五センチ、深さ二十センチの箱だからそう広大な世界ではない。広大ではない世界をしばらく掻き回してもクワイにぶち当たらないというのはどういうことか。あきらめなければいけないということか。

わたくしは手探りによるクワイ収穫作業はわりに早く断念した。別の手法をとることにしたのである。すなわち水道のホースで箱に十分な水を供給しながら泥を柔らかく緩めたのである。それから、泥が柔らかくなったところで、ゆっくりとクワイの草の株を引っ張り上げた。この方法が正解だった。クワイというのは水中で、親株から四方八方にランナーを出し、その先に実が生るのであるから、泥から株をゆっくり引きあげると、株といっしょにズルズルとランナーが出てきて、その先っぽに目指すクワイの塊を見ることが出来たのである。

ランナーの長さは二十センチから三十センチぐらいだった。

だらしなくランナーを引きずった株をコンクリートのたたきの上に寝かせてみた。先っぽに塊は付いていて、塊はたしかにクワイである。しかし、なんと小さいことか。ランナーは鉛筆ぐらいの太さであるがその先に出来ているクワイは親指の頭ぐらいしかない。そういうのが十個ぐらい。わたくしはちょっとがっかりしたが、がっかりしながらもつぶさに調べると、それでもそのうちの五個ぐらいは天津甘栗ぐらいになっている。まあいいか。やはりこんなものか。そう理解しようとしたが、どう判断したらいいのか分からなかった。予備知識もなく始めたことだったから、判断しようにも見当がつかない。普通の出来がこんなものならば、がっかりしなくてもいいのかもしれないが、ちゃんとやればランナーは二十本ぐらい生えていて、先っぽに出来る塊ももっと大きくなるというならやはり反省しなければならない、とわたくしは考えた。

心中複雑をきわめたが、ひとつだけはっきりしたことがあった。クワイとはなんと美しいものであろうか、ということである。姿と色。どちらも夢の世界からこの俗世に現れた天女のものである。球体から大きな芽が突き出ている。この芽のゆえにクワイは目出度いものと縁起をかつがれるのだが、おろかなことだ。クワイはそんなことをいわれて本来の値打ちを見過ごされている。色が美しいのである。正確な表現は困難だが、あえて言えばマリンブルーだが、その色の最高の美しさは長く続かない。泥から出すと時間とともに褪せてゆく。

同じ箱の残りの三本も引き抜いてコンクリの上に並べ、クワイを寄せ集めた。この箱で出来たクワイは全部でも両手に山盛り一杯ぐらいだった。わたくしは両手山盛りのクワイをじっと眺めた。これが今年の半年をかけてやったことの成果だった。

しかし、栽培箱があと二箱あるというのが心強かった。そのときの心はくじ引きをする人間の心に似ていた。一本目は三等賞だったが、まだ引くべきくじが二本残っている、という感じだ。残りの箱については収穫方法を考え直した。この二箱は比較的小さいから、箱をそのままひっくり返すことにした。とは言ってもやはり重いことは重い。わたくしの腕力では無理である。それでスコップを箱の下に突っ込み、丸太を枕にして梃子《てこ》の力で箱をひっくり返した。

成功だった。箱の中の泥が箱の形のまま抜け出てきた。そのあとホースの水をかけて泥の固まりをほぐしてクワイを収穫しようとはじめは考えていたのだが、実際は泥の固まりをほぐすまでもなく、箱形の泥の固まりの表面に、栗オコワの栗さながらにクワイが並んでいるのを見ることが出来た。箱がちいさいから伸びて行くランナーはすぐ箱の板にぶつかる。そしてぶつかったところにクワイの塊を作ってしまったのだ。この二箱のクワイは大きいものが多かった。だが多くは箱の板にぴったりくっついて育ったために片側が平らだった。

箱形の泥の固まりをほぐして解析してみると、ランナーが狭い空間に交錯していることが分かった。ほどほどにクワイはできていたが、危惧していたとおり、栽培箱はやはり窮屈だった。ということは、栽培箱をもっと大きくすればクワイは遠慮なくもっとたくさんの実を結んでくれたかもしれなかった。人間だって四畳半一間の家では赤ん坊ひとりぐらいがせいいっぱいで、あとは自粛するけれど、八畳間が十部屋もあればずいぶん増殖できる。それと同じことだ。それで収穫作業を終えたとき、わたくしは来年の課題は大きな箱を用意することであると心を決めたのであった。

今年のクワイ栽培は実験だったからこれぐらいの成果で目をつぶるのも仕方ないが、来年は実験などというわけにはいかない。わたくしは来年は七十九歳になる。再来年は八十歳の大台に乗る。これぐらいの年齢になるとふとした風邪が原因でたちまち肺炎を起こして死んでしまうことがある。風呂に入ったとたん心臓麻痺を起こす可能性だって大きい。脱衣場が寒いときにそういうことが起こりやすいと新聞に書いてあった。うちの脱衣場は寒いのだ。食べ物だって気をつけなければいけない。誤嚥《ごえん》というのがあるからだ。久保田万太郎宗匠は七十三歳のとき、赤貝の鮨をノドに詰まらせて気管支閉塞で死んでいる。宮田重雄医学博士は九州博多の生き白魚を酢でたべると誤嚥の危険があると言った。白魚が目を回して気管支のほうに行ってしまうからだ。

さらに考えると、生きているだけでは十分ではないのである。十一月になればクワイの収穫作業を行うのであるから、生きてはいるがヨイヨイになっていたり、ガンで入院しています、というようではいけない。腰が痛くても、収穫作業をするぐらいの体力は不可欠だ。収穫した後は料理して賞味しなければいけないから、ガンになるとしても胃ガンとか食道ガンとか舌ガンは適切ではない。

このように、老人であるわたくしの行く手は非常にデリケートになっている。再来年のことなど言っていられないのである。なんとしてでも来年、クワイ栽培に成功を収めなければいけない。そうでなければ死んでも死にきれず、魂魄《こんぱく》がクワイ畑彷徨ということになるだろう。

であるから来年のために大きな箱を手に入れなければならないのであった。その大きさは、すくなくとも今年のいちばん大きな箱より大きいことが望ましい。ではそういう箱をどこで手に入れるのか。いったい大きな箱などというものは日本に存在しているのか。存在しているとすればどこで製造しているのか。値段はいくらぐらいなのか。今年使った箱のうち大きいほうは、もともとはセメントを捏《こ》ねるためのフネで、ホームセンターで何年も前に買ったもので、頑丈ではあったがずいぶん高価だったし、深さが不満だった。もっと納得できる箱を探さなければならない。

わたくしは考えるばかりで解決の糸口を見つけることができなかった。せいぜい、以前、田舎の漁港で魚を入れる大きな箱を見たことがあったことを思い出すぐらいだったが、どこの漁港か思い出せない。思い出したとしてもまだあるかどうか。あったとしても所有者が譲ってくれるとは限らない。

風呂桶はどうか、とも考えた。五日市街道を自転車で走っていた時、通りに面した家の前に、古い風呂桶に睡蓮を生やしているのを見たことがあった。風呂桶というのは一応の大きさはある。人間が入って座って首を出すぐらいだから深さもある。風呂桶については、どこで見つけるかという疑問もあるが、その前にそういうものでクワイを育てるのが衛生的であるかどうかという問題があった。この間まで人間が入っていた入れ物で出来たクワイを食べる気になれるかどうか、ということだ。また狭い庭に古風呂桶を五つとか六つ並べて、恥ずかしげもなくクワイを栽培していられるかということもあった。

考えあぐねて、最後、わたくしはネットで情報を探すことにした。とはいうものの、これも簡単なことではなかった。キーワードの見当がつかなかったからだ。「箱」と入力しても無駄だった。化粧箱とか段ボール箱が出てくるだけだ。ウィキペディアでは箱の定義とか歴史が出てくるがそれでは役に立たない。「大きな箱」もダメ。「プラスチック箱」もダメ。苦し紛れに「バケツ」。それもダメ。「桶」もダメ。そのあと「タライ」と入力してみた。これが成功だった。調べ始めてから一週間目のことだった。

「タライ」で見つけたのはＴＯＮＢＯというブランドの製品。プラスチック製。正式の名前は「トンボ角形タライジャンボ水抜栓付１２０型」というものだ。大きさは長辺八十六センチ、短辺六十六センチ、深さ三十四センチ。これなら四株植えられる。値段は千八百円。１２０型というのは容量が百二十リットルを意味している。通常のバケツの容量が十リットルだから十二杯分だ。大きさもさることながら値段が手ごろだった。問題は強度だが、それについてはアマゾンのカスタマーレビューというのを読んで納得した。

《シャワールームのみでバスタブのないマンションに住んでいます。夏場はそれで良かったのですが、寒くなってきた為、お湯に浸かりたいな、と思い購入。身長一七〇センチメートル、痩せ形の私が、半身浴出来る程度の大きさです。強度も充分にあります。本来の使い方ではないかもしれませんが、満足しております。お値段も安くて、良いです》

わたくしはトンボ角形タライジャンボを買う決心をした。大きさを言うときりがないからこの大きさでいいことにした。値段も思ったより安い。こんないいものはすぐ売り切れてしまうかもしれない。誰だって欲しがるに違いないからだ。その証拠にアマゾンのレビューには次のようなものもあった。

《二歳のこどもの水浴び用に購入しました。主に一軒家の二階のベランダにて使用しています。ビニールプールのようにふくらませたり、しぼませたりの手間がなく、排水栓もついているので排水が楽で使い勝手はいいです！　いとこの子が遊びに来たときにも使いましたが、幼児ふたりまたは、幼児一人二年生一人でも十分に遊べます。プールだけでなく別の使い道もあるので、買って良かったです！》

これを読んでわたくしは大急ぎで「トンボ角形タライジャンボ水抜栓付１２０型」の注文メールを出した。いくつ買うか迷ったが将来のことも考えて四個注文した。待つこと四日、「トンボ角形タライジャンボ水抜栓付１２０型」は我が家に無事到着した。現在、タライジャンボは軒下に立て掛けてある。年が明け、時期が来たら畑の土を掘って四台並べて設置することにしよう。これで、来年のクワイ大量生産の設備の準備はできたのである。

だが、問題がまだ残っていた。来年の種クワイのことだ。今年は友人の実家から送ってもらったが、曲がりなりにもクワイ生産に成功したのだから来年もというわけにもいかない。そのことに気付いたのは、出来たクワイをかなり食べてしまってからだ。しかし全部食べ終わる前に気付いたのは良かった。

残っていたのは三十個で、そのうち十個は大きかった。これを種にするにしても、来年の五月、植え付けの時期までどう保存すればいいのか。それが問題だった。五月までまだ半年近くある。部屋に置いておけば芽が動き始めるかもしれないし、冷蔵庫にいれておけばしぼんでしまう可能性がある。今年栽培に使ったプラスチック池に沈めておくことも考えられるけれど、ネットでクワイの栽培法というのを調べると、五月に植え付けろと書いてあるから、やっぱりそれまでは掘り上げたものを保存しておくらしい。では縁の下にでも転がしておこうか。しかし、これはネズミに食われる恐れがある。

日が経つばかりだから結論を出さなければいけなかった。結論はこうだ。わたくしは三十個の種クワイを三つに分けた。そのひとつは冷蔵庫の野菜室に眠っている。ひとつは車庫のコンクリの壁につるしてある。もうひとつのグループはプラスチックの池の中だ。どれかが生き残るだろう。

さて、いま気付いたのであるが、クワイに関する報告が長くなりすぎたきらいがある。本来は年の暮れの農場の、全体的状況を述べようと思っていたのである。であるから、これからでも遅くない。紙数の許す限り本筋に戻ることにする。

年の暮れ、全農場は静かである。静まり返っている。ことに寒気が来て、朝雨戸を開けたとき地面が霜で白く凍っている時にそれを感じる。東農場にはブロッコリ二株と芽キャベツ四株がじっと寒さに耐えている。かれらは秋、青ムシの攻撃を受けたがわたくしが全力を挙げて防御した。それでいま傷も癒えて、それなりに成長している。となりの畝《うね》にはチンゲンサイとシュンギクがやはり霜をかぶって身を縮めている。中農場はどうか。中農場の手前の畝にはルッコラ。これは収穫適期を過ぎているが食べられないことはない。毎朝葉っぱを数枚摘んで目玉焼きの下に敷いている。その隣の畝ではミズナの株が大きくなっている。じつに頼もしい。西農場は賑やかだ。ダイコンが二畝。二回に分けて蒔《ま》いたから、太いのと細いのが地上に首を出している。この冬、当家のダイコン補給に心配はない。ダイコンのほか、ここにもルッコラとミズナとシュンギク。葉物の供給体制も万全だ。これが本年、平成二十三年暮れの農場風景である。

第7話——一月

冬越えの作物たち

附シビン考

いま寝床で目を覚ましたところである。

目を覚ましたので目を開けてみることにした。明るくなったのかどうか知るためだ。暗かったらまた眠る。

明るさの確認だけに両目を開けるのも大げさなので、片目を少しだけ開けた。すると東京はまだあまり明るくなっていないことが分かった。部屋はうす暗闇。それが分かったのでまた目をつぶった。そのまま眠ってしまおうかと思ったが、うす暗闇が面白そうだったので、もういちど目を開けてみた。今度は両目である。そうすると一メートル前方に壁が見えた。褐色の砂壁である。

ここは六畳間で、三十年前から寝ている部屋だから、胴体を右下にして目を開けば一メートル前方に壁が見えることは最初から分かっていた。それでもうす暗闇の中で見ると、見るだけの値打ちがあるものを見ているような気持ちになるのであった。たぶんわたくしが見ているのは単なる壁でなく、題をつければ「うす暗闇の中の壁」というものを見ているからなのだろう。とすると、同様に「真っ暗闇の中の壁」とか「真昼の光の中の壁」というのも研究の対象になる可能性がある。

わたくしはこの部屋で枕を北に置いて眠るのである。眠るのは通常、夜八時間ぐらい。それだけでは足りないから、朝食後一時間、昼食後にも一時間、眠りの補充をする。結果として一日合計十時間眠る。それを三十年続けたのであるから、累計すればずいぶんこの部屋で眠ったことになる。十時間に一年三百六十五日を掛け合わせ、さらに三十年を掛けると、計算によると答えは十万九千五百時間である。

十万九千五百時間などというのは途方もない数字だからこれはいったい何日に相当するか、また電卓で調べると四千五百六十二日半であることが分かった。本当にそうなら一大事だ。わたくしはそんなに眠っていたのである。本当はそんな人生を送った人間であるのに、そ知らぬ顔をして世間とまじわっていたのであった。

ここでまた、わたくしは四千五百六十二日半というのが何年になるのか調べた。

そこで得たのは十二年半という数字だった。わたくしはこの部屋のこの寝床でそれだけの時間、眠って過ごしたのだ。驚くべき事実がはからずも明るみに出てしまった。これが現実だったのだ。三十年のうちわたくしが目を開けて起きていたのはたったの十七年半だった。

三十年生きていたつもりだったが、調べてみるとそのうち十二年半が抜き取られていた。恐ろしいことだ。しかし考えてみると、わたくしを含めたたいていの人間は起きていると愚にもつかぬことを考えたりしたりするものであるから、寝ている時間が多かったほうが世の中のためにもわたくし自身のためにも良かったと言えないこともない。極端であるが、世の中の人が一日二十四時間のうち二十時間眠るとすると、残りの四時間のあいだに洗面歯磨き食事排便洗濯買い物などしなければならないから、悪いことをする暇はなくなる。遠方に戦争に出かけることなどもなくなるのである。

布団も、もう十年以上同じ布団で眠っているから、敷布団はセンベイ状態になっている。年に何回か太陽に干すことはあるが、センベイ化した布団は一朝一夕にふかふかになることはない。それに慣れているから、旅行して宿屋でふかふかの布団に寝るとくたびれてしまう。宿屋ではサービスのつもりで敷布団の下にブワブワするマットまで敷いたりするが迷惑なことだ。何かしっかりしたものに摑《つか》まっていないと安心していられない。首も肩も腰も定まらなくて入眠不可能になるから、起き上がってマットを取り去る作業をする。寝床はなんと言っても固いのが良い。わたくしは夏の暑い時期には畳のうえに敷布一枚を敷いて寝る。これは気持ち良いだけでなく、身体にも良い。

脇道に逸《そ》れてしまったのでもとに戻そう。

話は一メートル前方の砂壁のことであった。この砂壁は裾のところが横一直線に剝げている。電気掃除機で部屋を掃除するとき空気吸入筒の筒先がぶつかるからだ。ぶつけないようにいつも気をつけるが三十年のあいだにはどうしてもぶつかる。だからそこだけ砂が剝げる。ぶつからなくても砂壁というのは砂の粒子を、煮たフノリで練って下地に張り付けたものだから、フノリの効き目が弱ってくると常時砂粒が落下するようになる。数えたわけではないが、わたくしが布団の中でぐっすり眠っている一晩のあいだにも五、六粒ぐらいは音もなく落下している可能性がある。歌人斎藤茂吉氏は砂壁が大嫌いだったという。同感だ。壁の表面を砂粒で飾ろうなどという考え自体が不自然だ。不純である。考え自体も問題だが、それを良しとしてこんな壁をつくるひとも問題だ。考えるのであるが、たぶんこれは左官屋の企みだ。砂壁が剝げれば仕事になるからだ。

わたくしはしばらく砂壁を見ていたが、やがて姿勢を変えようと考え、体を上向きにした。上向きにすると足元の方向に障子が見えた。障子の向こうはガラス戸で、ガラス戸の向こうは家の外である。であるから障子とガラス戸を通して家の外の明るさの具合が分かる。やはりまだ薄暗い。それが分かったのでもう目玉を開けておく用事はないからまた目蓋《まぶた》を閉じた。

目をつぶったのは眠るつもりだったからであったが、小便をしたくなっていることに気付いた。それで左手を胴体と直角に布団から外に出して、畳の上に置いてあるシビンを手探りした。シビンはあるべき位置に正確にあった。寝る前、自分で置いたのだから当然だった。わたくしはシビンの把手を握ってそろりそろりと布団の中に引き込んだ。冬だからシビンはすごく冷たくなっていた。昨日は東京都心でも気温は零下になったという。日比谷公園の噴水の鶴からつららが垂れ下がっている写真が新聞に出ていたぐらいだ。シビンが冷たくなっているのも当然だった。

さて、シビンのことである。シビンというのは本当はシュビンというのだが当今は簡単にシビンと言われているのであるが、このごろはプラスチックで出来ている。安っぽくてまことに味気ない。シビンのように人間の肉体に直接に関係するような品物はそんなふうであってはいけない。たとえばメガネを考えよう。ひとによってはメガネのツルに十万円もお金をかけたりする。贅沢とも言えるが考えようによってはそれでいいのだ。十万円もお金を出してベッドを買う人の心情だって理解できないことはない。これに沿って考えてくると、シビンなどはプラスチックで十分だというのはおかしい。正しいことではない。

わたくしのシビンはガラス製である。ずしりと重い。持って手ごたえがある。吹けば飛ぶようなプラスチック製とまったくちがう。プラスチック製と並べてみると圧倒的に貫禄がある。しかも年代物である。購入したのは昭和二十九年だ。購入してから五十八年の年月が過ぎている。したがって今年五十七歳以下の世界中の人間はみなわたくしのシビンより後輩である。

購入した年を忘れず覚えているのは訳がある。その年、わたくしは結核療養のため長野県諏訪郡富士見町の富士見高原療養所という病院に入院したのである。この病院はスイス、ダボスの高地療養所に倣《なら》って作られた療養所で、標高一千メートルというところに立地していた。それで冬には零下十五度ぐらいになる。建物はバラック。暖房はなく、便所は廊下をながながと歩いてゆく。それで療養者たちの多くはシビンを使用することになるのである。わたくしのシビンはこの時購入したものである。そして、以後、わたくしは熟練のシビニストとなって今日に至っている。

このシビンは過去に何回か清掃したことがある。初めはビン洗いブラシでごしごしやってみたがうまくいかなかった。シビンというのは使用しているうちに内側に尿の滓《かす》が付着してだんだん白褐色になり、ついには中が見えないぐらい厚く滓の層が出来るのである。この層は簡単には剝げない。それで考えたのである。便器類の清掃にはふつう塩酸を用いて歯ブラシでごしごしこする。それを思い出して、塩酸を買ってきてシビンの中に垂らし、滓の層によく浸みたころを待って熱いお湯を流し込み、ぐるぐると揺すぶってドバッとお湯を流してみた。成功だった。シビンの内側にへばりついていた滓が見事にシビンの形のまますると流れ出てきたのである。出てきた物体は色といい質感といいフノリに似ていた。しかるに折角そういうものが出来たというのに、わたくしは浅はかにも庭に捨ててしまったのである。

人生の先行きは長くはないのは分かっているが、いまわたくしはその反省に立って、もういちどもっと立派なものを作ろうとしている。今回の滓はまだ十五年ぐらいしかたっていない。さらに厚くなるのを待たねばならない。欲を言えばわたくしの死後この事業を引き継いでくれる人がいればいいのだが。

また話が逸れてしまったからもとに戻そう。

わたくしはシビンを布団の中に引きずり込むと、パジャマとパンツをまとめて一緒に脱いだ。そうして胴体を左向きにして珍凹を右手で摑んだ。こういう作業は誰にでも出来ることである。次に左手に持ったシビンを、右手で捕まえておいた珍凹にあてがったのである。この場合、あてがうといっても、シビンの通路の中に珍凹が五センチぐらいはちゃんと進入するようにすることが肝要である。布団の中の作業であるからこれらはすべて暗闇の手作業であることは言うまでもない。

進入していることが確認されたら、作業の次の段取りは放尿ということになるが、体が縦になっているときと水平になっているとき、放尿作業は当然ながら一味違うものになる。どう違うか。言うまでもなく、縦位置のときは括約筋をゆるめれば尿は自重によってどんどん流れ下ってくる。遠くに飛ばそうとしないかぎり、そう息む必要はない。だが胴体が水平状態になっているときはすこし息む。そう強くではないが息むのである。初心者の場合にはさらにひとつ作業が加わる。脳味噌が、胴体が水平状態である人間は布団の中にいると判断するために発生するところの問題を、解決しなければいけないのだ。通常、布団の中というのは小便をする場所ではないから、布団の中でおしっこをするのは大変に悪いことであると脳味噌は覚えさせられている。であるから、本人に放尿の意志があっても、脳味噌の禁止命令を受けている筋肉が言うことをきかない。そこで脳味噌に、今回に限って特例として放尿を認めるよう、括約筋に連絡してくれと頼まなければならないのである。その話がつくと、はじめて放水開始ということになる。

この点では、熟練したシビニストであるわたくしには、なんの問題も生じないのはもちろんである。わたくしの場合、寝ぼけていても進入完了を感知すると、直ちに放尿は開始される。しかし油断はしていない。うっかりシビンがいっぱいになったのを見過ごすと、寝床の中で洪水が始まることがあるからである。シビンが洪水警戒水位を越えたら放尿の速度をゆるめ、様子を見なければいけない。では、布団の暗闇の中でシビンが洪水水位に来ていることをなぜ知ることができるのだろう。

答えは左手にある。シビンの把手を握った左手が、かかってくる重量の変化を読みとるからである。ひとによっては確認のためにシビンを揺らすこともある。そうすると、溜まった尿の揺れ方で、よりくわしく様子が分かる。警戒水位を越えて満タン近くになったと感知した場合には、起き上がって電気をつけ、視覚的確認をしながらスピードを殺して放尿をする。このとき取るべき体位は膝立ちである。膝小僧を敷布団に突っ張って上体を支持するのである。そうしてシビンがぎりぎりいっぱいになったところで、膀胱の中に残りがあっても放尿は一時中止である。

中止のあとどうするのかというと、用意してある「明治おいしい牛乳」の空パックにシビンの内容物をどばどばと流し込むのである。シビンの容量は一〇〇〇CCで、「明治おいしい牛乳」のパック容量も同様に一〇〇〇CCであるから移し替えにぴったりなのである。その作業が終わってから膀胱に残存していた小便放出を再開する。これが手順である。しかし作業はまだ続く。小便をいれた牛乳パックの処置である。小便を満たしたパックをそのまま立てておくのは危険である。なにかの拍子でひっくりかえったら布団も畳もあっと言う間に小便の洪水になる。であるから、いっぱいになったパックは蓋を閉じ、ホチキスで留める。そうしておけば急な地震などで倒れても、急いで対処すればこぼれだすのは少量で済む。

さて、排尿を終えると膀胱の張りが緩み、その結果身体全体が楽になるのは周知のことであるが、楽になったからといってすぐにシビンから珍凹を抜くのは早計である。当面の排尿を済ませてもまだ残りがあるからだ。土瓶のお茶を注ぐときと同じことで、注ぎ終えたあと、もういちど傾けるとまた出る。さらに傾けるとまた出るのである。胴体が横になっていると、一次、二次、三次の間隔が長くなるから、第三次を終了してほんとうにさっぱりするまですこし時間がかかる。そしてついに第三次終了となってはじめて珍凹を抜き、シビンは布団の外に持ち出され得るのである。持ち出されたとき、シビンは取り込んだときとちがって、ほんのり温まっているのが常である。

シビンを外に出すのはさっきと同じ左手である。このときシビンは水平を保たれなければならない。かくて伸ばした左手によって畳の上にシビンは安置される。そうしてわたくしは楽になってまた眠りにつくわけであるが、そのときの眠りには、便所で用を足して来たときとは違う安堵感がある。なぜだろうかとわたくしは長く疑問に思っていたが、あるときその理由はこういうことであろうと気付いた。シビンを用いた場合には、体内から出てきたところの、いわばわたくしの分身であるなま温かな小水が、事後に布団の横に並べられる。便所で用を足して寝床に戻ったときはそうはいかない。ジャーと流してさよならだ。その場合にはさっきまで体内にあったものを、意図的ではないにせよ、邪険に見捨てたという罪悪感が残る。シビンを用いれば、体内から分離した小水と別れを惜しむ時間を、たとえ一時間か二時間であるにしても持つことができる。そのあと、別れを惜しみながら便所に流す。満たされたシビンを横において寝るということは、いわば血と肉を分けた兄弟が並んで寝ているようなものである。それによる安堵感だったのである。

一月の初めにおける農事報告をするつもりで書き始めたのだが、思いがけずシビンに紙数を取られてしまった。だがいまからでも遅くない。本筋に戻ろう。

戻るべき本筋はうす暗がりの中で目覚めた場面である。そのとき、わたくしはシビンの操作をしながらも、農場の植物はどうしているだろうかと考えていたのだ。自分が暖かい寝床の中にいるだけに、彼らのことが心配になったのである。今年の冬は厳しく、外は毎日零下の気温になり、農場の土はがちがちに凍っている。昨年クワイを育てたプラスチックの池の面には氷が張り詰めている。秋に種を蒔《ま》いて、取り残しになっているナッパやダイコンの周りには霜柱が立っていて、葉っぱは寒さのためにがっくりと地面に這いつくばっている。そんな状態でいつまで大丈夫だろうか、と考えていたのである。

逆境の中でがんばっているのは葉物ではコマツナ、ルッコラ、ミズナ、チンゲンサイ。芽ものは芽キャベツとブロッコリとカリフラワー。あと根菜のダイコン。二畝《うね》あったコマツナは、本隊は食べつくし、いま生えているのは大きく育ちすぎたので敬遠しているうちに、さらに大きく団扇《うちわ》のようになったものである。チンゲンサイもちょうど良い大きさの美味しそうなものは食べられて、残っているのは葉っぱが欠けたり、伸びそこなってまごまごしているものである。芽キャベツは四株植えてあるけれど、これはそろって立ち往生組だ。植えたのが遅かったかもしれない。農場日記を見ると九月二十一日である。それから三ヵ月余りたつけれど芽を付ける気配がない。二回に分けて蒔いたダイコンの第一組は年末に無事完食。残っている第二陣十二本は発育不良。青首ダイコンだから、どう割り引いてもビール壜ぐらいの太さになっているのが本当だが、牛乳壜ぐらいだ。皮をむけばもっと細くなるし、煮たりすれば溶けてしまうというのが家人の見解だ。しかし本人たちが諦めずに努力しているのは分かる。一月の厳冬期に入っているというのに、比較的大きい四本は、地上に出た肩がこの半月で五センチぐらい伸びている。努力の跡は広げた葉にも明らかである。寒さの中でいちばん外側の葉っぱは地に伏しているが、内側の十枚ぐらいは昼に気温が緩んでくるとしっかり突っ立ってくる。しかもそれらの内部に若い新しい葉っぱが次々に顔を出している。

一株だけ植えたカリフラワーも足踏みしている。株の真ん中のいちばんの芯を白い柔らかそうな葉っぱで隠したままだ。葉っぱの形は、灯火を風から守ろうと囲い込んだ両の掌《てのひら》のようだから覗くのは遠慮せざるを得ない。やはり事情があるのだろう。みんなそれぞれ苦労し、工夫して暮らしている。わりに平気な顔をしているのはルッコラとミズナだ。寒かろうが雪が積もろうがどうということはない、という顔だ。

かれらは荒涼たる冬景色の中で、ここが農場であることを示してくれる証人であるが、命運はあと二ヵ月ぐらいである。たぶんあとひと月で、農場を見下ろしてそびえる樹木の下に蕗《ふき》の薹《とう》が姿を現すだろう。そうなると農場主であるわたくしの心も新しい春の支度を考えるようになる。冬の作物はそろそろ整理しなくちゃいかん、と考えるようになる。

第8話——二月

春は名のみの風の寒さや

附 神代植物公園視察

十年ぶりの寒さだという。今は二月。毎朝庭土が凍っている。厳冬というのだろう。

寒さのせいかあたりはシンとしている。シンとしているのは良いのだが、かわいそうにわが農場の植物たちはひどい霜焼けになっている。菜っ葉も芽キャベツも葉っぱの色がどす黒く、地べたにへたっている。昼にはおれたちは平気だという顔をしているルッコラやミズナも、朝早く見るとダウンしている。ひと月前まで元気そうだったダイコンの葉っぱも、外側の葉っぱは完全にノックアウトされて再起不能。しかし芯から新しい葉っぱが新鮮な青い色を見せている。人間もそうだが、ダイコンも若者は元気ということだ。

ダイコンは不思議な植物だ。厳寒のボディブローを受けているのに、正月を越してからの一ヵ月のあいだに、本体が十センチぐらい成長して地面からせり出している。風呂桶から立ち上がった人間に似てきた。発育不良と諦めていたが、このところ妙な行動に出てきている。これからどうするつもりなのだろう。

考えてみると、ダイコンは日本人の生活を支えてきた野菜の名門である。延喜式の野菜リストにちゃんと名前が登録されているという。そういう大物野菜だから昨今の寒さなど折り込み済みなのだ。研究者によれば、さらに古く、奈良時代、長屋王邸宅周辺からダイコンの野菜木簡が出土しているという。

延喜式ではダイコンは瓜、蕪、茄子、大豆、蓮根など数多《あまた》の名前のひとつにすぎないが、他の野菜を抜いてダイコンに最高の地位が与えられた例がある。伊藤若冲《じゃくちゅう》の『果蔬涅槃図《かそねはんず》』である。これは釈迦涅槃図の戯画であり、絵の真ん中にダイコンが横たわっており、その周りをもろもろの野菜や果物が囲み、ダイコンの入寂を嘆いている。囲んでいるのはトウモロコシ、エダマメ、カボチャ、ナス、モモ、ソラマメ、ビワ、キュウリ、クワイ、などなど数十種類である。本尊のダイコンは二股で両足を開いて横たわっているのである。

ダイコンを信心する人もいる。『徒然草』にこういう話がある。筑紫の国に某という押領使《おうりょうし》ぐらいの身分の人がいて、大根を万病に効く薬だといって長年のあいだ毎朝欠かさずに二つずつ焼いて食べていた。あるとき、家来たちがいないとき、館に敵が攻め寄せてきてぐるりととり囲んでしまった。そのとき不意に二人の見知らぬ武者が現れ、命を惜しまずに斬りむすんで、とうとう敵を追い払ってしまった。不思議なこともあるものだと思って「日ごろおいでになる様子もありませんが、どういうお方でしょうか」と訊くと、「つねづね御信仰で、毎朝召し上がってくださる大根でございます」と言って、たちまち姿をかき消してしまった。ふかく信心していると、こういう徳もあるものだ、という話である。

こう見てくるとダイコンというのは端倪《たんげい》すべからざる植物であることが感知されるではないか。であるから、わたくしは当家のダイコンがこれからいかなる行動をするか、観察を続けるつもりである。

さて、今は厳寒期だが、ひと月もすると春だ。ロウバイはもう咲いているが、このあとマンサク。その次にサンシュユ。そのあとにレンギョウ。もちろんウメも咲く。であるから、ストップしているように見える農場についてもなすべきことはある。春に向けて、農場経営の構想を立てなければならないのである。

わたくしは構想を立てるにあたって参考のため、まず近辺の農場を視察することにした。東京都内といえども、西郊に立地する我が家からは、そう遠くないあたりにぽつりぽつりと農地が残っているからである。そういう農地を耕しているのは農民の残党であり、残党といえども彼らの為すことには見習うべきことが多々あるからである。この厳寒期、彼らは何を為しているか、或いは何を為していないか、それを偵察すべく、ある日自転車にまたがって家を出たのである。

寒いのに自転車、と思う人がいるかもしれない。自動車のほうがいいんじゃないの、と言う人もいるかもしれない。しかしこういう場合は自転車がいい。自動車は細い道や未知の道に入りにくい。走行途上、これはという観察対象を見つけたとき、即座に停車できるとは限らない。自動車の持つそれらの欠点に関して、自転車はまったく自由なのである。

さて、出発ということになったのであるが、自転車で自宅を出発する人間は二種類に分けることが出来るのである。どういう種類かというと、ひとつは出発する時点においてすでに行く先と経路が頭に入っている人間であり、もうひとつは自転車にまたがったがどこに行くか何も決まっていない人間である。で、この場合のわたくしは後者に属する人間だった。

と言っても、方角だけは腹の中にあった。西方または西南方である。その方角には三鷹市、世田谷区、調布市、府中市、多摩市などがある。あてどもなくそのあたりを走れば自然に農場を目にすることが出来ると考えて出発したのだ。しかしこの考えは甘かった。実際に自転車をこぎ始めてみると、じゃ、つまりどこに行けばいいのかという問題が湧きあがってきたのであった。これは実行してみると分かることであるが、あてどもなくというのは妙なものである。力が入らないのである。行く先もなく世の中に放り出されたような気持ちになる。そうなるとうちに帰りたくなってしまう。それでは困るではないか。

自転車でも自動車でも徒歩でも、移動する人間はふつう心の中に目的の地点を抱いている。そしてそこに行こうと移動するときには近道を選ぼうとする。このふたつが移動行動の基本原理である。そういう基本原理に従っていれば、人間は移動中不安を感じることを免れるのである。しかし、今回の移動には何の基本原理もなかった。目的地がないから、近道も遠回りも関係ない。そういうことだったので、自転車をこぎながら、わたくしは自分が宙ぶらりんの状態にあると感じていた。

寓居を出てすでに一キロメートルも走っていた。気がつくと、走っていたのはしばしば訪れる友人宅に向かう道だった。今日の自転車走行はあてどもなくのつもりなのに無意識に友人宅に向かっている。このまま走れば農場でなく友人宅に到着してしまう。ということは、わたくしは間違ったことをしていたのだった。なぜだ。だが、やがて間違いの原因がおぼろに見えてきた。もちろんのことであるが、基本方針を欠いているのが宙ぶらりんの原因だった。では、いまのわたくしが必要とする基本方針は何か。わたくしはワラをもつかむ気持ちになっていた。

求めれば答えは得られるものである。答えは意外に簡単に出てきた。農場のありそうな方向に向かえ。それが基本方針である、という神のお告げが天空からくだってきたのだ。

そうか、そうだった。言われてみれば、最初からそのつもりだった。それを再認識したのである。この瞬間からわたくしの行動は確固たるものとなった。いま急に警察官に呼び止められて、お前はどこに行こうとしているのかと尋問されても大丈夫だった。自分は農場を探索中である、と答えればいいのだ。わたくしは一人前の人間に戻ったような気分だった。だが、そうだとすると太い道をただ真っ直ぐに走行することが躊躇《ためら》われてきた。探索するのであるから細い頼り気のないぱっとしない道でもはぶいてはいけない。それで、いちばん手近なぱっとしない細い道に入ったのであった。その道はわたくしをぱっとしない住宅地の中に導いてゆき、やがてどんづまりになったのであった。ごみごみ混み合った見栄えのしない住宅群のただ中で、洗濯物が寒空にはためいている。三輪車が放り出してある。もちろん農場など見当たらない。

こういうとき、人間というのはめげるものである。それが人間の本性なのだ。わたくしもめげかけた。しかし、気を取り直したのである。わたくしはぱっとしない道を戻った。そうして新しく発見したすこしましに思える道路に入っていった。そういうことをくりかえしているうちに不意に明るい広い道に出た。バスも走っている。気持ちが一気に明るくなった。人間はバス通りに出ただけでこんなに元気になるものか。気が楽になった。しかし今日は簡単に気楽になってはいけないのだ。目的があってこうやって自転車をこいでいるからである。簡単に気が楽になってはいけない日だった。それでわたくしはまた横道に入った。入ってみてわかったのだが、こんどの道はほどほどだった。さっきのようにどんづまりにたどり着く可能性は少なそうに見えた。それどころか、見よ、あっちのほうに畑があるではないか。

畑は五、六面あった。どれもそう広くない。五畝《せ》か六畝ぐらい。広くても一反ぐらい。もうあまり作物はなく、だいたいが土むき出しの荒野になっていて、多少植わっているものはあったが、あちらもこちらも見えるのはブロッコリ、ハクサイ、ネギ、ダイコンぐらいだった。ネギ以外は収穫が終わった残りものと見えた。

ダイコンは数本、抜かれたものが地面に放り出してある。ハクサイは数株。ひもで縛ってあるからそのうち収穫するつもりかもしれない。ブロッコリの花蕾《からい》は収穫済み。株がそのまま残っているに過ぎない。あとは霜に焼けた菜っ葉。現役の作物らしいものはカリフラワーぐらいだ。カリフラワーはわが農場にも一株あって、直径は現在十一センチ。ということは、全体として、現状はわが農場と同じことだった。畑の真ん中に、シートに覆われて、小型の耕耘機《こううんき》が置きっぱなしになっていた。そのさまが、いまは畑のことはすべてお休みと語っていた。

なるほど、とわたくしは思った。予想したとおりだったのである。その後、わたくしは更なる農場を求めて走った。ここは調布市らしいが、さらに南西に向かおう。記憶によると、多摩川近くにはもっと畑があった。それを思い出してわたくしはぎざぎざと調布市、府中市、多摩市を巡り走った。

努力の甲斐あってさらに多くの畑を見ることが出来たが、視察の結論は変わらなかった。二月上旬は、大方の畑はお休みだということであった。だが、発見もあった。どの百姓の畑にも、一隅に大きな完熟した堆肥の山があるということである。堆肥は雨に打たれないようにシートがかかっていた。あれは見習わなければいけない、とわたくしは胸に秘めたのであった。

さて、農場探索を終えた帰路、わたくしは拾いものをした。わたくしはカメラとか財布とかメガネとか、いろいろと落とし物をする人間なのであるが、そういう人間には逆に拾いものも多いのである。このとき拾ったのは鳥である。帰宅して調べて分かったのであるがチョウゲンボウだった。チョウゲンボウというのはハヤブサの種類の鳥である。拾ったのは多摩市を南北に貫く鎌倉街道である。広い自動車道路の道路端に落ちていた。羽毛が散乱していたので自転車を止めると、その真ん中に鳥がいた。死んでいたがすこし温かかった。最初はキジバトかと思ったがそうではなく、羽根を広げたら二尺にあまるほどもある。鷹斑《たかふ》も見事だ。なぜこんなところに落ちているのか。体を調べると頭にうっすら血がにじんでいる。なにかに頭をぶつけたのが致命傷なのか。ともかく、このまま放置しておくと結局は自動車に踏みつぶされ雑巾状になる。可哀そうだったのでわたくしは手拭いで包み、持ち帰ることにした。このあたりは、四十年以上前、緑深い農村だった頃、冬になると散弾銃を抱えてキジやコジュケイなどの鳥撃ちをしていた土地だったから、その罪滅ぼしの気持ちもあった。チョウゲンボウは帰宅して、丁重に家の庭に葬った。

帰路、ふたたび調布の市内に戻ったとき、わたくしは京王電車の駅近くで、八百屋の店先にカルピスウォーターが置かれているのを目ざとく発見した。カルピスウォーターというのがわたくしが好む飲み物であったせいかもしれないが、チョウゲンボウもそうだったが、自動車でなく自転車だったからこそ見つけることが出来たのである。

しかも、自転車の鞍の上から、つけられた値札まで機敏に視認したのは我ながら上出来だった。しかし、本当を言えば、この場合、わたくしが値札を視認したというより、値札がわたくしを呼び止めるのに成功したと言ったほうがいい。手柄は値札のほうにあったと言うべきである。というのはどういうことかと言うと、百四円と書いてあったのである。これは五〇〇ミリリットルのペットボトルで、自動販売機で買うとたいてい百五十円である。向島とか池袋の場末とか幡ヶ谷の裏道でも安いものを見ることがあるが、それでもせいぜい百二十円どまりである。百四円というのは卸売り市場で見かけるぐらいだ。破格の値段である。その値段で、値札はわたくしに呼びかけたのである。それでわたくしは、これを見捨てておけようかと、オウと答えて急ブレーキをかけたのであった。

安い、ということには魔力があって、二本買うことにし、ダンボール箱にほうり込んであるカルピスウォーターを二本引っ張り出し、レジに持って行き二百十円渡したが、ここでまた驚かされた。お釣りが二円でなく、三円だった。二本買うと一本が百三円五十銭になるらしい。調布というのは良い町だ、とわたくしは考えた。また調布に来よう。ついでだったので、並んだ野菜の値段も確認した。青首ダイコンは一本六十八円だった。カブは五本の束が百五円。トマトは中ぐらいの大きさが数個入った袋が二百円。キャベツはあまり大きくなかったが百五十円。ネギは四本で百五十八円。それを見ながら考えたのは、わたくしの農場の生産能力のことだった。わたくしの農場でも全力をあげれば、年間生産額は五千円まで行くだろうか。

まだ陽が高かったので、そのまま帰る気分にならない。そうだ、神代《じんだい》植物公園に行ってみよう。わたくしはそう考えた。調布駅から神代植物公園は遠くなかった。鶴川街道を北上すればいい。途中で中央高速道路の下を潜り抜ける。そのつぎに野川という川を渡る。渡ってから御塔坂《おとうざか》という坂を上ると、もう右手に神代植物公園の正面入り口が見える。自転車なら十分だ。

自転車置き場があったのでそこに行儀よく自転車を置いた。それから入り口に行く。お天気が良くて青空が頭の上に広がっているのだが、寒さのためか正面広場に人影はない。門前雀羅《じゃくら》とはこういうことか。入場切符売り場に行くと、六十五歳以上、ひとり二百五十円と書いてあるから財布から千円札を出して窓の中のおばさんに渡した。それから五秒ぐらいたったとき、窓口の下にわたくしに関係あることが書かれた紙が貼ってあることを直感的に意識したのであった。文字を読むと、案の定、身体障害者手帳をお持ちの方の入場は無料です、と書いてある。

「あの、ちょっと、すみませんが、わたし、障害者手帳持ってます」とおばさんに言って、大急ぎで財布に入れておいた手帳を出した。

「ペースメーカー入れたから一級身体障害者なんです。自転車には乗ってますけれど……」

「あら、もう切符切っちゃったわ、どうしましょう……。でも、いいです。無料です」

「大丈夫ですか？」

「大丈夫です」

入園料は免除となった。

植物公園は広大だったが、入園者は無料入園のわたくしひとりだけのようだった。まず、歩いてゆくと、つつじ園というのがあった。良く見るとなるほど、つつじが植わっている。案内を見るとここには二百八十種類、一万二千株あるのだそうだ。だがいまは二月だから咲いていない。それからまた歩いてゆくと今度はさくら園というのがあった。ここにはさくらが八百本生えているのだという。だがいまは二月だ。さらに行くと芝生広場というのがあった。良く手入れされた高麗芝の広場だ。二月だから芝は枯草色だが、たしかに広かった。この広い芝生をひとりで横切ったのは贅沢だったかもしれない。芝生広場を横切ると売店があって、オデンと甘酒の旗が立っていた。今日の入園者はわたしひとりだから食べなければ悪いような気持ちになった。それで考えたのである。もし声をかけられたら、いまおなかをこわしているから今度来たときに必ず食べる、と返事しよう。

無事に売店を通りぬけたとき、左手にタラヨウの木が生えていた。葉っぱがぴったり平べったい。なかなか良いタラヨウだった。タラヨウの葉っぱは長さが二十センチぐらいある。幅は八センチぐらい。表は緑色、裏が草色。肉厚である。この葉っぱの裏側の草色に、先のとんがったもので字や絵を書くと、見ているうちに書いた跡がくっきりと茶色に変わる。葉っぱに宛名を書いて切手を貼って郵便ポストに放り込むとハガキ扱いで配達してくれるから、一名ハガキの木ともいうのである。そばに寄って葉っぱを裏返して見たら、なにか書いてある。読んでみた。「山田花子が好き♡　好き♡　こんど二人で来たいよ♡」

第9話 ―― 三月

春は満を持して
主としてラブミー農場に関する感想

三月になった。啓蟄《けいちつ》も過ぎて一週間、春は満を持して出陣を待っている。春は太陽と風と雨を率いてやってくる。

十日前まで朝は氷点下になることが多かった。それがこのごろは摂氏三度ぐらいになる。弱い雨が降り続く。窓の外に黒々と見える玉川上水の落葉樹林、クヌギ、コナラ、ヤマザクラ、エゴなど、外見にはかれらはまだ裸で黒ぐろとしているが、根はいそがしく地面から栄養分を吸い上げているはずだ。幹は樹液を高さ十メートルの梢まで強力に押し上げている最中だろう。落葉樹林は芽吹きのために全力をつくしている。春に向かって林全体が活動している。身震いしている。もう爆発せんばかりだ。芽をふくらまし、一気に爆発せんと震える樹林の発する音無き音がわたくしの五感に伝わってくる。ヤマザクラの枝先はふくらみはじめている。もうすぐだ。満を持して出陣すべく、樹林は全力をつくしている。春は四月の声とともにスタートする。

であるから、わが農場も春の到来と同時に一斉に走り出すとよい。そのためにはわたくしも満を持して待っているのがよい。春の爆発とともに農場も爆発するのがよい。春が来たとき、その瞬間を逃さずにわたくしも爆発しなければいけない。作物の種を蒔《ま》き、苗を植えるのだ。ぼんやりしているときではない。

だが現実はどうだ。今日こそ春の準備に取りかからなければならないと考えつつも、朝は八時半まで寝床の中にいるではないか。目前に迫ってきた春にたいして、農場の準備をなにもしていない。満を持しているべきなのに、まったく手ぶらだ。このまま行けば、サクラの花が散る頃、遅すぎる種蒔きをすることになるだろう。

わたくしは今朝も八時半に起きあがり、歯ブラシを啣《くわ》えてハグキマッサージをしながら春の到来のことを考えていた。歯槽膿漏ぎみなので、歯科医にハグキマッサージを勧められているのだ。マッサージが終わると、台所に行き、友人のくれた、体によいと言われる葡萄の種オイルをフライパンに三滴垂らし、冷蔵庫から鶏卵をひとつ取り出して割って茶碗に入れた。ついでに厚切りのロースハムも一枚取り出した。そうしてフライパンが適度に熱せられたのを見計らって卵とハムをフライパンに移した。このとき、なるべく良いかたちに目玉焼きができるように細心の注意をこらす。白身が見境なく広がらないようにと念じる。白身がチリチリになるのも望ましいことではない。また、卵とロースハムをいっしょに焼くのであるからともするとと両者がくっつきそうになる。そうすると両者とも味が損なわれる。こういうとき、フライパンの真ん中に衝立《ついたて》があればいいなと思う。そういう衝立をどこかで売っていないかな。そんなことを毎度考える。それからパンを一枚、パン焼き器の中に突っ込んだ。

それからまた、満を持して迫ってくる春のことに考えを戻したのである。

農場をなんとかしなければいけない。先月、都下各地の農場視察をしたときはいずこも休止状態だったが、この数日の暖かさを考えると状況は変わっているはずだ。先週、図書館に本を返しに行ったとき、通りがかりの元専業農家の畑に春キャベツの苗が植わっていたではないか。あれを見たときにはドキリとした。すでに戦争は始まっていた。

だがわたくしは一向に動きだそうとしない。これではいけない。考えてみると昨年もそうだった。今年こそ季節に先手を打って出発しようと思っていたのに、気がついたら種蒔きは十日も遅くなっていた。だから今年もこのままぐずぐずしていると昨年の轍を踏む。

年齢のせいか、と思った。肝臓が悪いのかもしれないとも思った。それが妥当な解釈と思えた。以前はこんなふうではなかった。考えたことは電光石火実行した。電光石火すぎるぐらい電光石火だった。畑を耕さなければと考えると、夜中でも鍬《くわ》を持って飛び出した。そんなふうだった。だが今はどうだ。考えるだけだ。行動を開始しなくなっている。なんとかしなければいけない。怠惰な生活を一新させる必要がある。変化が必要だ。チェンジだ。

ではどうすればいいのか。

そのときひらめくものがあった。そうだ、あれを読んでみよう。

あれというのは深沢七郎の「生態を変える記」という文章である。ずいぶん前に読んだことがあった。細かいことは忘れたがラブミー農場発足の話だった。あれは参考になるかもしれない。

わたくしは行動に移った。積み上げた本の山をくずしてその文章が収録されているはずの書物を探しはじめた。そうしてかなりの労働の後、『人間滅亡の唄』を掘り出すことに成功した。ねらい過《あやま》たずこの本の中に「生態を変える記」は収められていた。

「生態を変える記」は、風流夢譚事件後の流浪生活に疲れた深沢七郎氏が、定住の地を求め、埼玉県菖蒲町《しょうぶまち》(現・久喜市)の田んぼの中に三反歩ほどの土地を得て、六畳のプレハブ小屋を建てて移り住み、農業生活を開始した話である。氏は流浪の前は東京で小説を書いていたのだから、確かに生態の変化である。

昭和四十年十一月八日、深沢七郎氏は手伝いの青年ふたりを連れ、運送屋のトラックに乗って菖蒲町に引っ越して行く。だが、現地に着いてもまだプレハブの小屋が出来ていない。工事人がふたり、地面にブロックを並べているところだった。運送屋はここへ荷物下ろしていいですかと言って、草むらの中にフトンや茶碗を下ろして帰ってしまう。夕方までにプレハブが建つかどうかわからない。空模様もあやしくなってくる。「今日越してくるとは思わなかったよ」とプレハブ屋は言う。夜の八時頃、やっとプレハブ小屋が出来上がる。まだ電気も水道もない。

そんな引っ越しだった。

わたくしは深沢氏がうらやましかった。そんな真似がしたかった。しかし、田舎に引っ越すわけにはいかなかった。家族もいるし、持ち物も多いからそうはいかない。それに、わたくしの望みは単純なことだから引っ越さなくてもなんとかなるのではないか。

要するに、頭の中に農場経営のことはあるけれど、実際にやっているのはフライパンで卵とハムを注意深く焼いているだけ、という生活を早急に終結させればいいのだ。それだけのことだ。生活態度を昨年以上に地面に密着した実行型のものにしたい、ということなのである。


深沢氏の真似は出来ないと思ったが、「生態を変える記」を読み終わったとき、わたくしは農場経営者たるべき人間はどうでなければならないか、いくつかのヒントを得ることが出来た。

第一のヒントは自覚ということである。深沢氏は、「なぜ私は自分の生活を変えたのだろう」と自問しているのである。


《妙なことに他の人達からそのことを質問されると、私の答えはその時その時で違ってしまったのだった。

「百姓仕事が好きだから」とか「高血圧で身体《からだ》の調子が悪いから空気の良い場所に住みたくなった」とか「交際が広くなったのに反対に私は交際嫌いになったのでなるべ

く人間臭くないところへきたくなった」とか、と答えるのだが、そのどの答えも真実なのである。そうして、そのどの答えもそれがすべてのように思えるのだ。

だが、よく考えれば私自身がそれでは納得出来ないような物たりなさを感じていた。つまり自分でもまだわからない理由があるようである。そうしてそれが、この半年たってようやくそれは先天性のものだと気がついたのだった。

つまり、私は商人の家に生まれたが本当は農業に適していたのだった。……》

これは参考になった。

深沢七郎氏は紆余曲折のあと、自分は農業に適していたからこういう生活を始めたのだとの結論に到達している。これに倣《なら》ってわたくしも「なぜ自分は農場経営をしているのか」と問うたらどうだろう。

わたくしはここ数年、農場を経営している。規模はラブミー農場の百分の一ぐらいだが、エンジンカルチベーターまで買い込んで経営を続けてきた事実がある。しかし、なぜそんなことをしているのか理由を考えたことはなかった。肥料や種や苗にお金は流出してゆくし、出来た作物は家人にほめられるどころか、スがはいっているからいくら煮てもゴリゴリだとか、煮たら溶けてしまったとか、葉っぱの裏に虫が沢山いて洗うのに苦労したとか、売っているのはもっと大きいわよなどと言う。家人の見解というのはつまり世間の見解ということであるから、世間はそう見ているのである。であるから、そういう世間の批判をまともに受けながらもわたくしはなぜ農場を経営してきたのか。新鮮な野菜を得るためか。庭を遊ばせておくのは勿体ないからか。健康のためか。深沢氏のようにどれもその通りかとも思えるがしっくりしない。

この疑問の解明には意味があるような気がした。その答えが出れば、農場経営の理念がはっきりする。

なぜ農場経営を始めたのか、なんのためにやっているのか、それが分かれば、批判を恐れず自信を持って農業経営に専念できるかもしれないのであった。つまり、農場開設のモーチベーションはなんであったかはっきりさせればいいのだ。

では、わたくしの場合、モーチベーションはなんだったのか。胸に手を置いて考えると、ヒョウタンだった。ヒョウタンを作るのが農業と言えるかどうか分からないが、わたくしの農業はヒョウタンから始まっていたのであった。であるから、ヒョウタンから出たコマとも言える。

五十年前のことだ。三十歳ぐらいのとき、わたくしはヒョウタンというものの不思議さの虜《とりこ》となったのである。キュウリだってナスだってカボチャだって形は素直だ。細長かったり涙滴型だったり球状だったりじつに素直である。そういう形に変な感じはしない。理解できる。スッと胸に落ちる。たとえば、わたくしがナスだったとした場合、自分の体形が涙滴型であることに異論を唱えるだろうか。そんなことはないだろう。だが、なぜだ。なぜヒョウタンはあんな可笑《おか》しな形をしているのだ。わたくしがヒョウタンだった場合、自分の胴体の真ん中がくびれていることを素直に納得できるだろうか。いや、できないであろう。いったいなぜだ、これはなんのためだ、と思うだろう。

不思議さのあまり、あれは成長途中に人間が胴体の真ん中を紐で縛って無理やりああいう形を作るのだろうと考えたこともあったが、そうでもないらしかった。不思議の謎は解けなかった。そこで自分でヒョウタンを栽培してみることにしたのである。これが農業参入の第一歩だったのだ。

わたくしは驚いた。蒔いたヒョウタンは、やがて芽を出しツルが伸び花が咲き、花のあとに草色のヒョウタンの赤ん坊が出来たのであったが、赤ん坊は成長とともに世の中のどこのヒョウタンとも同じヒョウタン形になってきたのである。わたくしが作っても、ヒョウタンはヒョウタン形になる！　ああ驚いた！

その次の年、もういちど種を蒔いてみた。昨年は偶然ヒョウタン形のヒョウタンが出来ただけの話で、今年はそうはいかないかもしれない、と考えたからである。だが、この年のヒョウタンもやはりヒョウタン形になったのであった。かくてわたくしは、わたくしが蒔いてもヒョウタンは必ずヒョウタン形になるという確信を得たのである。

この驚きゆえに他の作物にも手を出し始めたのである。わたくしのキャベツはまるい球になるか。それが疑問だったからキャベツも作った。カボチャも作った。落花生も作ったのであった。つまりこういうことをしたということは、農業をしたということだったのである。

作物たちはみな素直に、それぞれなるべきものになってくれたのである。なるべきものというのは、種の袋に印刷してあるとおりの野菜になったということである。袋にダイコンの絵がかいてあると、その袋の種はダイコンになるのであった。魔術というしかなかった。疑問と発見と感動、それがわたくしの農場運営の原点だったのだ。初心忘るべからず。

なるほど、そうだったのか。この認識はわたくしに自信と勇気を与えてくれた。自信が回復してきた。わたくしは今後とも農業にいそしもうと自らに誓ったのであった。

「生態を変える記」にはもうひとつヒントがひそんでいた。農場運営の姿勢である。本職の百姓は効率のためにおなじ作物を広大な畑に作るが、自家用農場はそんなことにしばられなくていい、というラブミー農場主の信念である。あたりの百姓たちはかれの農場をコマギレ農場と批評したが、深沢七郎氏は自家用に要ると思った作物をコマギレ状態であろうがなかろうが、どんどん作っていた。

《よく考えてみると私の作づけは売るためではなく、自分の家の必要なものを作っているのだからどれもこれも少しずつである。大根、つけ菜、コカブ、ニンニク、ラッキョー、ニンジン、ドジョーインゲン、エンドウ、イチゴ、ネギ、キャベツ、里芋、南瓜、キューリ、ナス、トマト、枝豆、落花生、……》

この多彩さは刺激的だった。そうだ、うちの農場はもっと狭いけれど、よし、今年はなんでもかんでもどんどん作るぞ、とわたくしのやる気を引き出してくれた。体内にやる気と熱意がふつふつと湧いてきた。ドーパミンとセロトニンがどろどろと脳みその中に湧き出してきた。

「生態を変える記」にはヒントがもうひとつあった。ほんとうはこのヒントが最大最強の発見だったかもしれない。

農業者深沢七郎氏は助手をふたり抱えていた、ということにわたくしは気付いたのだ。ひとりはミスター・ヒグマという体格抜群の若者だった。このヒントは有益だった。そうだ、助手を頼もう。助手がいればわたくしの農場運営も順調に進むだろうと考えたのである。いままでは草を刈るのも畑を耕すのも、ホームセンターからひと袋二十キログラムもある堆肥を買って来るのも、自分ひとりでやっていた。だが、今年は数えの八十歳だ。そうだ、助手だ、とわたくしは考えたのである。

ではどのように助手を見つけるのか。JA農協にでも頼むのか。そんなことをしなくてもよかった。心当たりはあった。ヨシナガ君なら協力してくれるだろう、とわたくしは考えたのである。ヨシナガ君がだめだったらオザワ君にたのもう、とも考えた。ヨシナガ君もオザワ君も、むかしわたくしが学校の先生をしていたときの学生だ。

それでまず会社勤めのヨシナガ君に電話をかけた。

「もしもし、ヨシナガ君、ひさしぶり。元気?」

「あ、せんせいですか、おひさしぶりです、御無沙汰していました、はい、元気です」

「あのね、じつは、頼みごとがあるんだけれど、頼んでいいかな?」

「はい、なんでしょう?」

「畑をたがやしてナッパを蒔くの手伝ってくれる?」

「ああ、いいですよ。おやすいご用です。週末でよければうかがいます。土曜日と日曜日、どっちがいいですか」

「じゃ、日曜日」

「はい、わかりました」

持つべきものは元学生だった。来週はオザワ君にたのんでもいい。オザワ君はいま大学の学生課長をしているから、必要なら屈強の学生を百人ぐらい連れてきてくれるかもしれない。そう思いながら受話器を置いたのであった。


日曜日、朝十時。ヨシナガ君はやってきた。そのとき気がついたのであるが、ヨシナガ君がやってきた以上、わたくしも畑に取りかからざるを得ないのであった。なるほど、とわたくしは合点した。正解だった。このシステムをとれば農場運営に弾みがつく。

この日、ヨシナガ君には長靴をはいてもらい、鎌とスコップで、農場のまわりの枯れた雑草整理と残存作物の整理をしてもらった。わたくしのほうは久しぶりにエンジンカルチベーター始動の紐を引っ張り、爆音高く農場に最初の一本の畝《うね》を付けたのである。それからふたりでホームセンターに行って、石灰と堆肥と発酵牛糞と発酵鶏糞と油粕を買ったのである。重い肥料袋の積み込み積み下ろしはヨシナガ君が軽々とやってくれた。わが農場はめでたく始動した。

第10話 ―― 四月

春到来 播種地図を作成したこと

春が来た。農場運営開始のときである。

今年の春は遅いといわれていた。そのとおり三月に大雪が降るなど気候に変調があった。

だが四月一日に東京で最初の桜花がほころび、それから急に暖かくなって六日には満開となった。結局春はさほど遅れず、律儀にやってきた。

今年、わたくしはいつもと違う気持ちで春を待ち構えていた。昨年あたりから、なにかにつけ齢をとってきたことに気付くようになったためである。物忘れが重なるし、物事にたいする注意力が衰えている。手足の動きにも敏捷さが欠けてきた。いよいよそうなってきたかと思うことが多くなったのである。これまでも齢をとってきたことは分かっていたが、それによって生活の実質が変わってきたとまで感じることはなかった。それがそうでもないかもしれないと思うようになってきたのである。

こうなると、あわてざるを得ない。気をゆるめていると急にお迎えがやってくるかもしれないからである。残された時間は多くない。今後桜花を見ることは何度もないだろう。来年の桜を見ることだって出来ないかもしれない。そうだとするなら、いままでのようにだらだらと春を迎えるようなことではいけない。今年は春を迎える準備を万端整えて、悔いないように迎えたい。襟を正して迎えたいと思ったのである。

わたくしは、昭和八年生まれであるから相当の年齢に達している。びっくりするほどである。年寄りになることは生まれたときから分かっていたことではあるが、腰も曲がらず、髪の毛もさして薄くならず、痩せもせず太りもしなかったので、年齢に無関心で過ごしてきた。年寄り気分が薄く、昨日の続きが今日も明日もあるという気分で漫然と暮らしていた。不用意だった。ところがいま、突然ではあるが、わたくしは自分が非常な年寄りであると徹底的に認識することが重要であると心から思うようになったのだ。行住坐臥、自分が非常な年寄りであると考えるようにしなければいけない。

お若く見えますね、どう見ても八十歳とは見えませんよ、せいぜい六十五歳ぐらいですかね、などと言われてその気になったこともある。旅先の土産物屋でステッキを物色していたら、売店の女性に「まだステッキのお歳ではないでしょう」と言われてすごく喜んだのは昨年のことだ。もうすぐ死ぬのだと思いながら暮らすのが本当だというのに、いい気になっていた。

いまわたくしは何をするのも年寄りじみていなければいけない。着るものも、食べるものも、姿勢も、歩き方も、読む本も、みな非常な年寄りにふさわしくしなければいけないと反省する。

耳が遠いのは好都合だ。耳が遠いからひとと話をするときには、聴力が残っている左耳に掌《てのひら》をあてがうくせがついている。これはじつに年寄り臭くて良い。万事このようにやり、自分自身に、本当にすごい年寄りなのだという気持ちを、もっともっと徹底的にしみこませなければいけない。

わたくしのようにいい気になっていて失敗した有名なひとがいる。浦島太郎氏だ。

郵便はがき

料金受取人払郵便

新宿局承認

930

差出有効期間
平成28年4月
15日まで

(上記期日までは
切手を貼らずに
ご投函下さい。)

160-8790

324

東京都新宿区西新宿7-4-3
升本ビル 7階

東海教育研究所
愛読者係行

1608790324 10

アンケート　この本をなにによってお知りになりましたか。

1. 広告をみて(　　　　　　　　　　)

2. 書評をみて(　　　　　　　　　　)

3. ダイレクトメールで　4. 図書目録をみて　5. ホームページをみて

6. 店頭で　7. 人にすすめられて　8. テキスト　9. その他

(URL) http://www.tokaiedu.co.jp/bosei/
TEL.03-3227-3700　FAX.03-3227-3701

望星メールマガジン(無料)配信を　☐ 希望する　☐ 希望しない
新刊案内等(無料)の送付を　☐ 希望する　☐ 希望しない

おそれいりますがお買い上げの書名と書店名をお書き入れください。

書　名 **書店名**

ご購読ありがとうございました。本書に関するご感想、今後の刊行物についてのご希望などをお寄せください。当研究所発行・月刊『望星』の「読者の広場」で紹介させていただく場合もあります。なおご記入いただいた個人情報は、書類の発送、ご案内以外には使用いたしません。

住　所 □□□-□□□□ ☎

フリガナ
名　前

(　　)才

職 業

Eメールアドレス

(ここには記入しないでください)

取

次

月刊「望星」を　　月号から、　　年間
定期購読を申し込みます。(年間 7,200円)

かれは竜宮城では楽しい年月を積み重ねたのであったが、ある日急に故郷に帰りたくなる。それでお土産に玉手箱をいただいて亀の背中に乗ってそわそわしながら帰郷する。わたくしも浦島氏ほどではないが、まあまあそこそこに年月を過ごしてここまで来たので、遊びにあきたというかれの気持ちが分かる。いい気になって遊んでいるうちに、急に家に帰らなければいけないと気付くのである。晩御飯までに帰らないと怒られることに気付いて、じゃさよならと言ってすたこらというわけである。

「遊びにあきて気が付いて
おいとまごいも　そこそこに
帰る途中の楽しみは
みやげにもらった玉手箱」

さて、いよいよ帰ってきたのであったが、故郷は見る影もなく変化していて、会うひとも見知らぬひとばかり。ここはわたくしと違う。わたくしの場合は帰ってきてもあまり変わったことはない。知った顔ばかりなのだがそれも善し悪しだ。

「帰ってみれば　こはいかに
もと居た家も村もなく
道に行きあうひとびとは
顔も知らない者ばかり」

かれは思い屈して、決して開けてはならぬと言われていた玉手箱を開ける。そうすると箱の中から白い煙が立ちあがり、たちまちお爺さんになってしまう。

「心細さに蓋とれば
あけて口惜しき玉手箱
中からぱっと白煙
たちまち太郎はおじいさん」

童謡では太郎は突然にお爺さんになっただけのようになっているが、万葉集の高橋虫麻呂の長歌では死んでしまうことになっているからすごい。この悲劇の原因は自己を正確に認識していなかったところに発しているのだ。

浦島氏に似たようなことがわたくしの身の上にも起こりかけていた。

今年、春の農事を始めたとき、わたくしは前回記したように、むかしの学生さん、ヨシナガ君に来てもらい、かれの助けを得て草を刈り畑を起こし、ホームセンターで肥料などを買ってきた。これで万事上手くいくはずだった。だがそういかなかったのである。

かれが来てくれた数日後、土を均《なら》し、畝《うね》を切るために、鍬《くわ》を使い始めたら、五分もたつと腰が痛くなったのである。息も切れ、目もくらんできた。今日は疲れているからここまでにしよう。そのときわたくしはそう考えて作業を切り上げた。だが、翌日また作業に取り掛かると、またもや五分たつと腰が痛くなり、息が切れ、目がくらんできた。おかしいな、わたくしは確かに年寄りではある。しかしこんなふうになるはずはないと思い、しばらく縁台に腰を下ろし、家人にお茶など持ってこさせて、広くもない農場を眺めながらじっと考えてみたが、どうしても腰が痛い。どうしてそうなのか。どこか身体の具合が悪いのか。昨年までこういうことはなかった。少なくとも十分間は鍬を振ることが出来た。そんなことも考えた。

なんども縁台で息を入れることをくり返しているうちに、わたくしは悟った。分かっているつもりで、やはり分かっていなかったのだ。認識に欠如があったのだ。

わたくしはかなりの爺さんになっているから、腰が痛くて息が切れてあたりまえなのだ。そう理解するべきである。そう考えたのであった。同年の友人たちに腰が抜けた者が何人もいる。握力が低下して缶ビールの蓋が抜けないのもいる。耳が遠くなり、夫婦で大声でとんちんかんな会話をしているのもいる。酸素ボンベのひともいる。そういうことを考えると、五分間で息が切れ、目がくらみ、腰が痛くなるのはおかしなことではない。当然と考えなければいけない。来年は鍬やエンジンカルチベーターを使う力もなくなって、農場は雑草に埋もれて、雑草の中に、今年蒔《ま》いたダイコンが花を咲かせている。そうなる可能性はある。

そんな有様だったが、最終的に、わたくしは五分間農業を何度かくりかえすことによって、整地と畝作りを終えることを得たのである。農場はあとは種を蒔くだけという状態になった。危ういところで浦島現象を離脱することが出来た。めでたいことではないか。

本年とりあえず蒔くべき種はすでに購入してあった。次のようである。

シュンギク。コマツナ。ミズナ。ノザワナ。オシンダイコン。ツルナシインゲン。オカヒジキ。オクラ。この他にキャベツ苗二株とブロッコリ苗二株。

春の種蒔きは例年のことだったが、今年わたくしはすこし考えた。毎年、狭いところに深く考えもせず、多品種をごちゃごちゃ蒔いてしまって、あとでどこに何を蒔いたか分からなくなる。芽がでてきても、ナッパなどは何が何だか分かりにくい。姿が大きくなれば見分けがつくが、それでは情けない。

それでわたくしは蒔く前に播種《はしゅ》地図をこしらえることにした。昨年までは種を蒔いてから、空袋を畝に挿し込んでしるしにしたのだがこれでは不完全だった。あとでしるしをしようと思いながらあれこれ蒔いているうちに、もう何が何だか分からなくなったし、袋を挿し込んでからでも袋のどっち側に蒔いたのか分からなくなったし、風が吹いてきて袋がどこかに飛んでしまったこともあった。それを反省し、播種地図を作って、それに従って蒔いてゆくことにしたのだ。蒔いてからしるしをつけるのでなく、地図を作ってから蒔く。このほうが理にかなっている。間違いがない。物事を続けているとこんなことにも進歩の余地があることが判明する。

わたくしはB5の用紙を持ってきて、それを同じ大きさに切った段ボールに貼り付け、三つの農場区画を紙に書いた。四角が三つ並んだのである。それから、四角のそれぞれに東、中、西、と書き込み、各区画に畝を書き込んだ。東と西には五本。中は四本である。こうしておいて、各畝に、蒔いた品種と蒔いた日付を書き込むことにしたのである。こうしてじつに行き届いた地図ができたのである。しかも、この播種地図をこしらえるにあたって、わたくしは几帳面にも定規を持ってきて作図したから出来上がったのはわれながら見事なものとなった。Ｂ５の紙を段ボールに貼り付けることにしたのも良かった。こうしておけば農場に持って行き、現地の作物を照らし合わせて観察するのにも、ペラペラの紙などを持って行くよりずっと具合がいい。地図としての貫録もちがう。

そうだ、言い忘れたことがある。播種地図をこしらえた理由はもうひとつあった。しかもこれが最も肝要な理由だったかもしれない。わたくしは年齢のせいで最も重大なことをついつい書き忘れる癖があるから気をつけなければいけない。

理由というのは、やはり当家の農場が狭いということから発生する連作という問題である。狭いと同じ作物を続けて同じ場所に作りがちになる。そうするとうまくいかないのである。ナッパとかサツマイモなど、作物の種類による例外はあるが、多くの作物は同じ場所に二年とか三年、続けて植えるとおかしなことになる。連作障害というものが発生するのである。これは本当のことである。家庭園芸雑誌を見るとどの雑誌にも書いてある。書いてあるばかりではない。わたくしは身をもって経験したからよく分かる。わたくしの経験したのはツルアリインゲンだ。

昨年、電力会社が不始末をやったために夏場の節電が大問題となったとき、節電の一方策として建物の南面の窓をニガウリなど蔓性の植物で覆うのが流行ったが、そういうことをわたくしは何年も前にツルアリインゲンでやったのである。わが茅屋《ぼうおく》の食堂の南側は大きな窓になっているので、射しこむ夏の太陽光線をさえぎるためにツルアリインゲンを窓下に蒔いてみたのだ。ツルアリインゲンは日ならずして芽を出し、窓前に張っておいたネットを這いあがってきて、やがて花を咲かせ、窓の真ん前にツルアリインゲンの実が多数ぶらさがることになった。こういうことになったので、この夏は味噌汁の実の必要があれば窓から手をだしてインゲンを収穫することが出来た。非常に便利だった。しかもツルアリインゲンは採っても採っても次々に生る。そうなると同じことを翌年もやろうということになったのも自然の成り行きと言えた。だが、二年目はなぜか窓の下に蒔いたツルアリインゲンの成長が良くなかった。実の生り方も格段に悪く、わたくしはすごくつまらない思いを味わった。これがすなわち連作障害だった。

そういうわけだったのだ。多種類の作物を作る当農場では、連作障害を避けるために播種地図は不可欠だったのである。

今回わたくしのこしらえた播種地図に記入されているのは、中農場ではオシンダイコン、ツルナシインゲン、トマトとナス、シシトウガラシである。

西農場には畝別に、オクラ、キャベツとブロッコリ、コマツナとシュンギク、ミズナとノザワナが記入されている。これらのうち、蒔かれたナッパ類は、四月十五日現在元気に生育中で、双葉のあいだから二、三枚の本葉を出し始めている。まもなく間引きが必要かと思われる。

東農場にもすでに石灰と堆肥と牛糞を施してあり、いつでもなんでも植えることが出来る状態だが、わたくしはじっと我慢して空きのままにしてある。といっても腹案はある。今年はここに南京豆とサツマイモを植えることを考えている。作物というのは地面の上に出来るものも良いが、地下に出来るものにも言うに言い難い面白味があるからである。こういう作物は、地上に引っ張り出すまで生育状況が不明というところが面白い。おみくじを引くようなもので、収穫期まで我慢していて、最後に地面の上に引っ張り出したときの面白さというものはかなりのものである。サツマイモ掘りで、あまり出来のよくない株がつづいたあと、大きいのがゴロンと出てきたり、中ぐらいだけれど五本も出てきたり、根っこみたいのばかりだけれどまあ許してやるかと思ったりする。南京豆は収支決算が一目瞭然の作物で、一粒からできた株に百粒ついていれば投資したお金が百倍になったと考えていいのである。

東農場の予定は先週まではそういうことだったが、いま腹案は変化しつつある。スイカにしようかとも思う。先週散髪に行ったとき、床屋のおやじが、昨年借りていた区民農場でスイカを作ったらひとつ採れたと言ったからだ。直径二十センチぐらいで食べてみたら美味かったというのである。床屋のおやじが作っても出来るぐらいならわたくしも作ってみようと思ったのだ。わたくしも四十年昔、日野という土地に住んでいたときスイカを作ってみたことがあったが、直径が十五センチぐらいにしかならなかったので、もっと大きくなるのを待っていたら中が腐ってしまった経験がある。だから死ぬまでに一度はちゃんとしたスイカを作ってみたいと思っていた。今年やらなければ死ぬまでやる機会がなくなるかもしれないからやってみようかと思い始めたのであるが、あの失敗したときの落胆の印象が強烈に残っているからまだ決めかねている。サツマイモならあまりひどい失敗はないのである。

さきほど述べた中農場の播種地図についてひとつ付け足しがある。ここにはすでにサヤエンドウが生えているのである。これを付け加える必要がある。昨年の十一月に苗を買ってきて植えたものが年を越し、冬の寒さに耐えながら僅かずつ伸びてきた。四月にはいると一気に成長し現在きれいな花を咲かせている。株は十株ほどである。実が生るのも間もなくだろう。実が生ったら、よくぞやってくれたと褒めてやらなければいけない。サヤエンドウというのは蔓の先っぽにヒゲを生やして、そのヒゲでそこらのものにつかまって伸びてゆくから、わたくしは棒を何本か立ててそこに網を張ってある。あと十日もたてば網から実がぶら下がるはずである。

これも散髪してもらいながら聞いたのだが、床屋のおやじも数年前サヤエンドウは作ったことがあると言った。そのサヤエンドウは冬を越してようやく実をつけ始めたがまもなくウドンコ病にかかって哀れにも衰弱死してしまい、半年かけて育てたにもかかわらず、収穫した実は十本ぐらいだった。お金のことをいえば、買えば百円ほどのものだったと口惜しがっていた。

今回記したのは播種に関するものが主となったが、行った作業はそれだけではなかった。

元学生ヨシナガ君のヘルプを得て、長辺八十六センチ、短辺六十六センチ、深さ三十四センチのプラスチック水槽四個を西農場の西側に、地面深く設置したのである。本年のメインイベント、クワイ栽培用の施設である。昨年の経験を生かして今年は本格的にクワイ栽培を行う決意を固めたのだ。数日前、わたくしはこれらの水槽に土を入れ水を満たし、保存しておいた種クワイを植えたのであるが、どうやら紙数が尽きたようであるから、この報告は次回に送らなければならぬ。

第11話——五月

万物成長中

附メダカを購入したこと

メダカを買ってきた。飼う必要に迫られたのである。

メダカを飼うなどというのは呑気《のんき》な話に思えるかもしれないが、残念なことに呑気なことではなかった。焦眉の急に迫られたのだ。

なぜ焦眉の急となったのか。もちろん農場経営のためである。

本年のわが農場経営の目玉たるべき事業がクワイ栽培であることはすでに記したとおりであるが、先日クワイ栽培池を覗いたところ、ボウフラがいっぱい湧いていたのに気付いたのである。湧いていたのは四つの池の一つ、昨年から種クワイを沈めておいた池だ。この池は昨年のクワイ池の土をそのまま用いていたから、土にボウフラの卵がいたらしい。ほかの三つの池はつい先月、土と水を入れたばかりだったので大丈夫だった。

ボウフラが湧いているというのはぞっとすることである。しかもそれが今年のわたくしの命題、クワイ栽培事業の池の中に湧いたのである。なんとおそろしいことであろう。わたくしはこれを即刻撃滅しなければいけないと考えた。

そのために、何を為すべきか。

最初考えたのはフマキラーを撒《ま》くことである。だが心を落ち着けて考えてみると、フマキラーはボウフラの親である蚊を退治する薬品である。空中を飛翔する蚊を空中において撃滅する兵器である。であるからこれは方法として適切でないと反省した。

次に考えたのはスミチオンを栽培池の中に溶かし込むことである。スミチオンというのは農産物につく油虫退治などに用いる猛毒だ。使用するときには三千倍ぐらいに薄めて噴霧する。それぐらい強力な薬品である。これを二、三滴池中に垂らせば生意気なボウフラはこれはたまらんと言って死んでしまうに違いない。

しかし、神聖なクワイ栽培池にそのような毒物を溶かし込むのは良いことに思えなかった。数ヵ月後にクワイを収穫する池だ。わたくし自身が栽培し、わたくし自身がお正月に食べようとしているクワイだ。それがスミチオンに汚染されていたとしたら悲しいことではないか。

考えに窮したわたくしは、ボウフラのことは気にしなくてもいいのかもしれないとまで一度は考えた。ボウフラというのはずっとボウフラのままでいるのではない。いずれは蚊になって飛んでいってしまうものだ。放置しておくという方策もありうる。それにボウフラだってわたくし同様、生き物である。何かの目的があって神様が世の中に作り出したものである。それを目の敵にして撃滅しようなどというのは生意気なことでないか。

しかし、つくづく池の中を眺めるとボウフラはやはり湧きすぎているように見えた。クワイの池の縁にぎっしりとボウフラが寄りついている。そのほかにもボウフラの赤ん坊のようなものが水中の随所に浮遊している。あまりといえばあまりだ。やはりなんとかしなければいけない。

そのとき脳味噌の隅のあたりにひらめくものがあった。先年、クワイの池を作るならメダカを飼うと面白いですよ、ボウフラも湧きませんし、と誰かが言ったのだ。へえ、とそのときは生返事しただけだったが、それを思い出したのだ。

ついでに、それを言ったのは誰だったかも思い出した。むかし、学校の先生をしていたときの学生、タムラ君だった。タムラ君は生き物を飼うのが好きだった。そのころカブトムシを飼っていた。カブトムシを飼うためには適温というのがあって、そのためには冷蔵庫の上がちょうどいい。背後のラジエイターが放出する暖気が適温だというのだ。だが、それは、カブトムシの餌を発酵させるのにちょうどいいということだったかもしれない。ともかく、そんなことを言うタムラ君の意見だから、信用していいかもしれない。

メダカというのは確かに一案のように思えた。同じボウフラを退治するにしても、スミチオンのような猛毒を使うのは非人道的だ。メダカを池に住まわせれば、彼らはボウフラというおいしい餌を食べることができるし、ボウフラにとってもスミチオンで毒殺されるのでなくメダカの餌となるなら納得できるだろう。さらに肝心のクワイにとっても、ボウフラを食べたメダカが糞をしてくれれば肥料になるという利点もある。これはボウフラ、メダカ、クワイ、わたくしの四者に納得できる方策だ。なんと理想的な解決方法ではないか。

それでメダカを飼うことにしたのである。

だが、メダカを手に入れるにはどうするか。どこに行けばメダカを入手できるか。メダカの学校は川の中という歌がある。どこにその川があるのか。それを調べて、網を持って出かける。それはかなり大変だ。とするとやはり、金魚屋にでも行って買って来るのが手っ取り早い。では金魚屋はどこにあるのか。

いろいろ考えたあげく、わたくしがいつもトマトの苗やナッパの種を買うホームセンターに熱帯魚売り場があったことを思い出した。あそこに行ったらメダカもいるかもしれない。わたくしはさっそく自転車に乗って出かけた。

ホームセンターにメダカがいるかいないか。わたくしは胸をどきどきさせながら、二階の売り場へのエスカレーターに乗った。こういうときのエスカレーターというのはずいぶんのろく感じられるものである。まだかまだか。まだ二階に到着しないのかと思うのである。しかしそうは言っても、一方では、もしメダカは当店では扱っておりませんということになるのだとしたら、やはりあんまり早く到着しないほうがいいかもしれないとも思う。

結論を言うと、メダカはいた。熱帯魚売り場には熱帯魚以外にもいろいろな魚がいて、その中にメダカがいたのだ。メダカと書いてある水槽がいくつもあった。わたくしの期待は完全以上に応えられた。しかし、メダカというのには単なるメダカでなく、ヒメダカとかクロメダカとかいろいろの種類があった。値段もさまざまだった。ここにおいてわたくしはメダカの選択に迫られている自分の状況に気付いたのであった。メダカが買えることに幸福を感じているべきなのに、かえって新しい課題を突きつけられて戸惑っていたのである。

メダカ売り場には係員らしい人が何人かいた。彼らはすべて若く機敏であり、なおかつお客に対して誠心誠意の対応をしてくれるにちがいないように見えた。それが困難に陥っていたわたくしの心を和らげてくれた。わたくしは思い切って、彼らに向かってメダカを買いたいのですが、と小声で言ってみた。すると、そのひとりの、メダカなどの小魚の健康状態をチェックする作業に従事していた若い娘さんがにっこりしてわたくしに向き直ってくれた。その娘さんは器量も良かったし、聡明そうで、かつ性質も良いように見えた。

わたくしはまず彼女に、自分は特別に優れた高級なメダカが欲しいのでなく、ごく一般的な、できることなら値段もほどほどのメダカを買いたいと思っている人間なのだと打ち明け、どれにしたらいいか教えてくれないかと言った。

そうすると彼女は、ここにご覧になるヒメダカとかクロメダカは一般的なメダカであって、ヒメダカは一匹三十円、クロメダカは一匹五十円、どちらも十匹まとめてお買いになるなら値段は八掛けになります。すなわちヒメダカは二百四十円、クロメダカは四百円です。これらのメダカは健康状態は上々で、性質も良い、評判の良いメダカですと教えてくれたのである。

彼女が言うように、メダカたちはそれぞれ清潔なガラスの容器の中で元気よく泳いでいた。たしかに健康状態は悪くないように見えた。金魚屋の池の金魚には元気がないのがいたりするが、ここのメダカはそんなことはなかった。水が入っているだけでほかには何もない世界なのに、メダカたちはガラス容器の中でただただ泳ぐことだけで十分に満足しているようだった。電車や病院の待合室の中の人間は、雑誌とか新聞とか、テレビとかケイタイ電話機がないと間がもてないのであるが、それにくらべると、ただ清らかな水と泳ぐべき場所があればそれだけで自足し、元気いっぱいでいられるメダカは、人間より精神的にはるかに高い境地にあるように見えた。

わたくしはヒメダカを二十四、クロメダカを八匹買うことにした。これはあとで帰宅してから考えたことであるが、ヒメダカを二十四買ったのは良かったが、クロメダカを八匹にしたのはどう考えてもおかしかった。クロメダカを八匹にしたのは一匹が五十円とヒメダカより高価だったから節約したつもりだったのだが、八匹で四百円である。十四買っても八掛けになり、やはり四百円だったのである。

メダカを買いに行ったわたくしは入れ物を用意して行かなかったが、心配は無用だった。係の娘さんはビニール袋に半分ぐらい水を入れ、そこにガラス器のメダカを掬《すく》って移し入れ、そのつぎに袋がパンパンにふくれるまでボンベから酸素を吹き入れ、ゴム輪で袋の口をしっかり留めてくれた。メダカを掬う手つきも見事だった。紗《しゃ》でこしらえた大きめの網をガラス器に入れ二十四を数え、いちどきに掬いだしたのである。すべてテキパキしていた。

帰路、メダカの袋は自転車の籠の中でガタガタ揺すぶられたから、メダカたちは何事が起こったか仰天したにちがいない。わたくしとしてもメダカが悶絶死しないかと心配だったが、帰宅しても袋の中の彼らは平気そうな顔をしていた。案外タフだった。

ついにボウフラの充満しているクワイ池にメダカを放つ時が来た。

メダカを放った瞬間、ボウフラたちの人生は一変した。その瞬間までボウフラたちはわが世の春を謳歌していた。自由自在、気の向くままにクワイ池を遊弋《ゆうよく》していた。だが、この瞬間からそうはいかなくなったのである。二十八匹のメダカが縦八十六センチ、横六十六センチのクワイ池の中を走り始めたのだ。ボウフラたちは恐慌状態に陥った。恐怖に震えて彼らは逃げまどい始めた。逃げまどう彼らはいくつかの集団に固まって池の縁を動き回っていた。だが、逃げまどうわりにはメダカの犠牲となるボウフラは少なかった。いまメダカたちはおなかが空いていないらしく、急にボウフラに襲いかかる気はないように見えた。すこし期待はずれだった。だがボウフラが恐慌を来しているのは間違いなかった。もう彼らにとって気の休まる時間はなくなったのだ。メダカに食べられなくても、彼らは夜もおちおち眠られず神経衰弱になって衰弱死してしまうにちがいなかった。

メダカを池に放したのは農場日記によると四月の二十九日だった。今日は五月の十二日であるからちょうど二週間になる。メダカの活躍状況はときどき観察してきた。観察によると一週間ぐらい前から、クワイ池のボウフラは激減していた。人魂《ひとだま》のような気味悪い泳ぎ方をするいやらしい黒い連中は姿を消していた。全滅したと言っていいかもしれない。水中をくわしく観察するとまだ赤ん坊のようなごく小さなものの浮遊する姿はあるが大勢は決したようである。本当にあの大量のボウフラを二十八匹のメダカ軍が退治したのだとしたらすごいことと言わなければならないが、あれだけのボウフラを食べてしまったのなら、メダカは太ってきてもいい。だが、見たところちっとも太っていないというのだけが、納得いかないことだった。

メダカを観察するのは離れた場所がいい。近づくと、人間の影だけにでも反応し、浮かべてあるホテイアオイの下に隠れてしまう。彼らの行動は機敏である。素早い。ツ、ツ、ツツツ、という感じで移動する。あるいはツン、ツン、ツン、と言ってもいい。フラフラ泳いだりしない。いつでも、ツ、ツ、ツか、ツン、ツン、ツン、である。ツと一言言うあいだに三十センチぐらい位置が変わる。ここと思えばまたあちらである。人間はとてもああいう具合にはいかない。

さて、ここで考えるのであるが、今回の農場報告はメダカに偏しすぎたきらいがあるから、本来の作物の状況に移ろう。

まずメダカを放したクワイ池である。クワイ池は四つ並んでいる。どの池にもクワイが五本生えている。サイコロの五の目のかたちに五本植えたのである。池の広さからいうと四本がせいぜいかと思うが、そうすると真ん中が空くからそこに一本追加。それで五本となった。今日現在いちばん大きいのは背丈二十五センチで、すでに小さいが矢尻形の葉を広げはじめている。

今年のクワイについては、種クワイの保存方法に頭を悩ました。暮れに収穫したものから良い玉を選んだのだが、どうやって冬を越させるか、春はいつになったら植えればいいか、それが手探りだった。いくつかは新聞紙に包んで縁の下に保存してみた。それも悪くなかったが、結局、池の中に放置して冬越ししたのが元気が良かった。植え付けも池の中にいれておいたのが自然に芽を動かし始めたときに行った。日付は四月の二十日だった。昨年は春先に友人からもらった種クワイを、土中に仮埋めしておいて、芽が出たのを見て池に移したのだが、農場日記によるとこうなっている。

《五月四日　（土中に仮植えしておいた）クワイの芽と根が出始めた。》

《五月十四日　クワイは親指大、白い数センチの根が数本出ている。》

《五月十五日　クワイを七株、発泡ポリエチレンの魚箱に土を入れて植える。根がずいぶん長くなっていた。》

これにより、今年のクワイの植え付けは昨年より半月早かったことが分かる。

クワイのことはこれまでとして、現在の農場の作物生育状況について記そう。現在我が農場の作物のうち収穫中のものは、ミズナ、ノザワナ、コマツナ、シュンギク、サヤエンドウである。ノザワナというのは信州の冬季の漬物菜と思っていたが東京でもちゃんと出来る。塩漬けにすると美味しい。ナッパ類はすべて三月二十三日に播種《はしゅ》したのであるが、生育順調で、ノザワナ、コマツナはほぼ食べつくして、残るのはミズナ、シュンギクである。もちろん食べつくしかけたものの後続は蒔《ま》いてある。サヤエンドウは毎日十個以上収穫中。朝のタマゴ焼きの付け合わせ。爽やかな緑色と新鮮な歯触りが良い。サヤエンドウはウドンコ病を心配していたが今のところその気配はない。

生育中なのはキャベツとカリフラワーだ。この種類のものは昨年も一昨年も作ったが満足すべき収穫に至らなかった。蝶々が飛んできて卵を産みつけたからである。卵はやがて青虫になり、新芽のいちばん柔らかで美味しそうなところを食べてしまうから発育不良に終わった。わたくしとしては完全無欠なキャベツとかカリフラワーを収穫したいのはやまやまであったが、モンシロチョウやモンキチョウやアゲハチョウやシジミチョウがわたくしの小さな農場にわざわざ飛んできてくれて、産みつけて行った卵や青虫を殺害するのはなんとも非人道的な気がして、結果的に満足な収穫を得ることが無かったのである。

だが、今年は家人の忠告と勧奨もあったので、幼虫を殺生しないでキャベツを安全に作る方法として、蝶々除けネットを買ってきて苗のうえにネットのトンネルをこしらえた。ネットとトンネル用の支柱のためには金銭の出費を要したのは致し方ないことだった。植え付けたキャベツ、カリフラワー苗はそれぞれ二株ずつの支出が百三十六円、計二百七十二円であったのにたいして、ネットと支柱の支出が合計二千四百六十円であったのは予想を超える出費であった。

しかし、出費したものにはそれなりの効果があった。今年は朝夕、茶の間のガラス窓越しに見えるキャベツとカリフラワーの葉にちいさな穴一つ開いていないのである。こんなことは初めてである。完全無欠なキャベツとカリフラワーが日々成長中である。両者とも葉っぱはとても大きい。これならば、今年は巨大なキャベツと巨大な美しいカリフラワーを収穫できるだろう。

次に言及すべき作物はなんといってもやはり季節の定番、トマト、ナス、シシトウ、ピーマンである。手短に報告しよう。ナスは一株だけ植えたが発育は大変に不良である。植えてひと月近いが伸びがすごく悪いし葉の色艶も良くない。地中に何か良くないものがひそんでいるのかもしれない。新しく植え替えたほうがいい。トマトは三株植えたが、順調である。一株は一番花をつけている。シシトウ、ピーマンは普通である。

大根も蒔いてある。時無し大根だ。三月二十三日に蒔いたからすでに五十日たっているがまだまだ成長段階だ。収穫は六月になるだろう。

そのほか、今年はマクワウリを蒔いたがまだ芽が出てこない。あと、オクラだ。これは発芽以後の成長が遅いものらしい。双葉を出したがそのままじっとしている。インゲンは四月二十日に蒔いたが、ここにきて急に成長しはじめている。本葉が五枚ぐらい。ベビーロケットは四月三十日に蒔いた。いま双葉が出そろっている。農場の現況はそんなところである。要するにだいたいにおいて順調に成長過程にある。

第12話 ―― 六月

農場多事多端

オシンダイコンを育成したこと

前回、当農場作物の成長旺盛であることについて記したが、それからひと月たった現在六月上旬、農場はさらに活気づいてきた。作物の育ちがさらに加速されているのである。

人によっては、そうか、農場は活気づいたのか、それは結構なことではないかと言うかもしれない。そう言われてみれば、なるほど結構であると言えないこともない。

だが、作物がどんどん育ってくると、それに対処する必要が起こってくるから、農場主は大変になる。農場主のわたくしは来年傘寿を迎えようとしている人間であるから身体が重い。重いから活気づくのは容易なことではない。

とは言ったものの、ここで、本当に農場が活気づいたかどうか疑う人もいると思うので、二、三の具体例をあげてそういう人の疑念を晴らすことが必要であると思う。

まずダイコンを例にとって話そう。

今年蒔《ま》いたのはオシンダイコンというダイコンである。ダイコンといえば三浦ダイコンとか練馬ダイコン、時無しダイコン、というのが有名だが、オシンダイコンというのは聞いたことがない。種袋の説明書きを読んでみると、「トウ立ちの遅い春の青首総太り。ス入りも遅く、肉質極上。葉は濃緑でおとなしく、立性。根部はやや短く根長三十五センチ、根径七センチ位。青首の着色良好で、根詰まりもよい」とある。長さが足りないダイコンらしい。

ダイコンというのは大根と書くから、鑑賞に堪えるぐらい大きく太いのが本来の姿である。そういうものであったが、いまは小人数世帯用に、短いダイコンが開発されていると以前何かで読んだことがあった。太い大きなダイコンは値が張るし、だいいち店から家まで持ち帰るのも重くてしかたない。なるほど、時代が変わればこういう考え方のダイコンも発明されるものかとわたくしは驚くとともに感心もしたしあきれもしたのであった。それでもオシンダイコンという種袋を眼前に眺めたとき、ではこういうダイコンに挑戦するのも一興であろう、と考えて購入したのだ。

蒔いたのは三月二十三日だった。種袋には露地に蒔くのは三月末。収穫期は五月下旬から六月上旬と書いてあるから適時より一週間早かったかもしれない。わたくしは種蒔きの時期をいつもいいかげんにやってしまうので、作物はたいてい説明書き通りにいかない。だが、驚いたことに今度のダイコンは種袋の表示通りに成長した。しかも「葉は……立性」とある通り、蒔いてからひと月ほどたった頃、それまで平らに開いていた葉が一週間ぐらいのあいだに一斉に急に立ち上がり始めたのである。説明書き通りに生育するダイコンだとわたくしはオシンダイコンを見直した。

五月に入るとオシンダイコンは急に肥りはじめ、それとともに立ち揃った葉の中心部から芯が伸びてきた。それればかりでない。あれよあれよという間に芯の先端に蕾《つぼみ》がつき、花が開いた。トウ立ちしたのだ。きれいな白い花だったので鋏でちょん切ってきて食卓に飾った。

ところが、毎日食事ごとに農場の花を眺めているうちに気がついたのであるが、二尺にあまる高さまで芯が伸び、花が咲いているというからには、ひょっとするとダイコンにスが入っているかもしれない。急にそのおそれに気づいた。ダイコンはまだ肥るだろう、肥るまでは抜くまいと思っていたわたくしは恐怖に襲われた。こうしているあいだにも、ダイコンの芯にスがどんどん入って固くなり始めているかもしれない。大急ぎで食べなければ間に合わないかもしれない。

オシンダイコンの性質を確かめるべく、もういちどつくづく種袋を眺めてみると、早蒔きのときはトウ立ちすることがあるから注意しろ、と書いてあるではないか。わたくしは自らのうかつさに思いをいたしたのであった。

わたくしは大急ぎで畑に駆けつけた。そうして一本抜いてみた。直径は六センチだった。種袋の七センチには一センチ及ばない。長さだって二十センチだ。人間でいえば中学生ぐらいだ。それでも残念であるが食べなければならない。家の者は抜いてきたダイコンを見て、そんなちっぽけなダイコンは食べるに適していないと、わたくしの動揺する気持ちに追い打ちをかけるようなことを言う。煮たらたちまち溶けてしまう。手がつけようがない不良品だと言う。

家人は、品物の出来不出来に遠慮ない批評をする。これは家人というもの一般に通じるものなのだろうか。わたくしはこのダイコンはもともと小型に品種改良されたものである、なるほど、多少ちいさくはあるが、この肌のすべすべした白さは品質が優良である証拠だ、オデンにしてもいい、イカと一緒に煮てもいい、もちろんダイコンおろしにしたら極上だと、自分の製品であるから弁護したのであった。けっきょく、多少のやりとりの末、では仕方ない、ナマスにしてあげる、というところで手打ちが行われた。

ナマスにされたダイコンがどんぶりに入って食膳に出てきた。どんぶり山盛り一杯分は十分にあった。食べてみると心配無用。上等だった。ダイコンの身はしっとりと締まっていた。柔らかく口当たりが良かった。スはまったく入っていなかった。これなら良い、とわたくしは考えたのである。そうか、上部にあれだけトウが立っていても大丈夫なのか、とわたくしは胸をなでおろした。だが、自分が作ったダイコンだから自分で責任をもって食べるぞ、それなら文句はないだろうと、意地になって全部食べたのが悪かったらしい。胃の具合が重くなり、鈍痛が感じられたのでセイロガンを三粒飲むことになった。

オシンダイコンは、蒔いたのは一畝《うね》だった。わたくしの農場の一畝というのは約四メートルである。種袋には、種を蒔いて芽が出てきたら成長に従って順次間引きして最終的に株間二十センチにして育てろと書いてあったので、種を蒔くときわたくしは畝に二十センチ置きにビール壜の尻のスタンプを印し、そこに一辺五センチの三角形に種を蒔いたのである。五センチずつ離して蒔けば、成長に従って間引くとき間引きやすいから、先を見越しての方策だった。

種蒔きというのを、従来はいいかげんにやっていた。にぎりこぶしに種をにぎって、畝にばらまいて、足で蹴飛ばして土をかけていたのである。こうすると種は畝の外にこぼれるし、ドバッと種が落ちたところからは芽がぎっしり生えてくる。逆にぜんぜん生えてこないハゲも残る。ぎっしり生えてきたところは、あとの間引きが面倒だ。どれも同じようなのが生えているとどれを抜けばいいのか迷ってしまうし、残そうと思った奴まで一緒に抜けてきたりする。この蒔き方は種まく人という泰西名画の影響だ。ミレーでもゴッホでも、種まく人は歩きながら袋から種をつかみ出して蒔いている。しかし、こういうやりかたは、広くて、遠くに地平線が見える畑に適するもので、長さ四メートル、しかも一畝だけ蒔くときには、それなりのやりかたがあってしかるべきである。それが今回のオシンダイコン蒔きのビール壜スタンプ一ヵ所に三角形の三粒という方式となったのだ。

この蒔き方を採用すると、種一粒一粒が二本の指によって、蒔かれるべき場所に正確に安置されることになる。当然、一粒一粒わが目で確かめて地上に置くということになる。種は大衆として一括処理されるのでなく、一粒一粒の品位人格が確認されながら地に委ねられるのである。種の中には形が崩れているのもあるし、ちいさいのもある。逆にまるまると栄養たっぷりの種もある。であるから、一粒一粒を確認して蒔くということにはそれだけの意味がある。また、五センチ離れて芽が出てくるのであるから、三本の様子を見比べていちばん頼りなさそうな奴を引き抜くのも容易である。

ダイコンの種を蒔くというのはまことに興味深いものであることを、この方式をとることによってわたくしは知ったのであった。ひろく言って、種というのはカボチャの種のごとく大きいのもある。いやインゲンの種だってつまりはインゲンそのものであるから、口にほうり込んで噛むだけの大きさである。それにたいしてコマツナとかノザワナとかベビーロケットの種のように、蚊の目玉をすこしおおきくしたぐらいの細かいのもある。ダイコンの種の大きさはその中間である。要するに、コマツナの種がゴミぐらいなのにたいしてダイコンには自己の個性を主張するぐらいの大きさがあるということである。正確な例えにはならないがジンタンぐらいはある。

コマツナの種とダイコンの種の大きさの差は、蒔いたときにも差となって現れる。コマツナの種はいちど地面に蒔かれたが最後、どこに蒔かれたのか見分けがたくなる。土の粒子の上に蒔き散らされたとき、土と見分けがたくなるからである。その畝に本当に種が蒔かれたのか、いや、まだ蒔かれていないのかさえ、分からない。それにたいして、ダイコンの種は地面上にあっても存在が特定できるのである。この相違を生み出すのは、種の色の差にもよる。コマツナの種は黒であるのにたいして、ダイコンの種は褐色であるからである。

ダイコンの種が、自己の存在を主張できる寸法を有することにより、ビール壜スタンプ三角形三粒方式は満足できる播種法《はしゅ》となっている。それは、この方式によって播種が行われた跡を見ると、それは単に播種の跡というより、なにか芸術的創造的活動によって生み出された作品にも見えるからである。

ここでわたくしは反省する。わたくしの話はなぜかダイコンの種の蒔き方の詳細を語ることに偏してきたことに気づくからである。話の筋は目標を失ってきた。ここで語らなければならぬのは、六月に入り農場が活気づいて農場主が大変になってきたことである。そのためにダイコンを例に話し始めたのだ。

わたくしはここまで記してきたものを読み直して、どこで話が主題を外れてしまったか発見することができた。

種袋に、「……順次間引きして最終的に株間二十センチ」にしろと書いてあることを紹介したあとがおかしかったのである。このあと、つづけるべきであったのは以下のようである。

であるから、四メートルの畝に株間二十センチをとってダイコンを生やすと、将来二十本のダイコンの収穫を望むことができるわけとなったのである。

ところが、世の中というものはなかなか胸算用通りに行かぬことはだれしも経験していることであるが、わたくしのダイコンの身の上にもそのような事件が発生したのであった。こういうことだった。

種を蒔いたのは前述したように三月二十三日だった。ダイコンは順調に発芽して、一週間後には双葉が生えそろっていた。ところが、三月三十一日に東京に大風が吹いたのである。この大風は秒速三十六メートルに達した。時速でいうと百二十九キロメートルである。地上に置かれた多くのものが舞い上がった。JR鉄道も運転を停止した。それで、我が家でどういうことが起こったかというと、ダイコン畑のそばに立っていたブドウ棚が転覆したのだ。ブドウのほうはどうでもいいが、棚はダイコン畑の上に倒れ込んできて、結果的に七ヵ所のビール壜スタンプに生えていたダイコンの若芽を押しつぶしてしまったのである。ということでわたくしのダイコンの収穫予定数が大幅に減少して十三本ということになってしまった。

ここでわたくしが考えたのは、いいじゃないか、十三本取れれば上出来だ。人間というものは毎日ダイコンを食べるわけではない。三日に一本食べれば十分だ。そうすれば十三本あれば三十九日は大根に不足しない。いま急いで次を蒔けば、夏過ぎまでのダイコン補給は出来るだろう。

試みに抜いた一本にトウ立ちの影響が全くなかったので、それから一週間ぐらいわたくしの心は平静だった。波風は立たなかった。わたくしは毎日、わが家の食卓からダイコンの畝を眺めながら食事をしたり新聞を読んだりして時間をすごした。そしてダイコンが一日また一日と肥って行くのを楽しみにしたのである。

が、ある日また、突如、考えたのである。この頃にはダイコンのトウは三尺に達し、白い花に毎日三匹ぐらいのモンシロチョウがたわむれていた。それを見ながら、突如考えたのは、トウが二尺のときにはスは入っていなかった。しかし今は三尺である。いくらなんでもトウが三尺に達し白い花満開のダイコンにスが入っていないことはないということだった。

わたくしは手に持っていた新聞を静かに下に置いた。そうしてツッカケを履いて外に出た。そうしてダイコンの畝までの数歩を歩んで行き、いちばん高くトウが立っているダイコンをひきぬいた。それからホースの水でダイコンの土を洗い流し、台所で包丁を用いてダイコンを二つに切り離し、切り口を観察した。大丈夫だった。スは入っていない。

そうか、スは入っていない。良かった。しかし、明日になればスが入らないと断言できるだろうか。たぶん、断言できない。とすると、現在畑にある十本ほどのダイコンを早急になんとかしなければいけない。

話が長くなる気配があるから、あとは簡単に記そう。残ったダイコンはそれから三日ほどのあいだに全部引き抜かれ、あるいは徒歩で、あるいは自転車で、あるいは自動車で、考えつくだけの知人友人に配られたのである。もちろん当家の分として三本は取り分けられていた。であるから、忙しかったのである。

いま、わたくしはダイコンを例にとって農場生活に活気がでてきたことを説きあかしたのであるが、農場全体に目を配れば、他に、カリフラワー、キャベツ、コマツナ、ミズナ、サヤエンドウ、ツルナシインゲンなどのそれぞれについてそれぞれの物語が、五月末から六月中旬にかけて発生しているのである。さらに、言い忘れてはいけないものに勿論クワイがある。

だが、ここでわたくしは残された紙数のすくないことに気づきながらも、ダイコンだけでは農場主の忙しさを説明しきれたとも思えないから、もうひとつ、何かを例にとって説明することにしよう。何にしようか。そうだツルナシインゲンを例に引こう。

ツルナシインゲンはオシンダイコンと同じく三月二十三日に蒔かれている。しかも同じ中農場のオシンダイコンの隣畝である。であるからやはり三月三十一日のブドウ棚転覆の被害を受けた。蒔いたのは十本である。そのうち五本の若芽が潰されたので、すこし遅れたが四月二十日になって東農場にまたひと畝、十本を蒔いた。これは成長が速くて、ひと月前のツルナシインゲンにどんどん追いつき、一週間おくれるぐらいで花を咲かせ、六月第一週には中農場に続いてインゲンの収穫期が来た。であるから、六月半ばには、合わせて十五本のツルナシインゲンが次々に実をぶら下げる状態になったのである。これが農場主の生活に忙しさをつけ加えることになった。

ツルナシインゲンという植物はそれほど背が高くならない。草丈はせいぜい地上二尺ぐらいである。二尺ぐらいだがこんもりと葉を茂らせる。一本がそれだけで森のような世界を構成するのである。そうして、こんもり茂った葉の下に実をぶらさげるのである。採り入れ時の実の長さはだいたい二十センチである。最初の収穫は六月一日。収穫数は十本。その次は三日、二十本。その次は七日、二十本。

この期間はカリフラワーの収穫、キャベツの収穫、コマツナの収穫、ルッコラの収穫。さらにそれ以外に農場周辺に群れ育ったフキの収穫、と収穫ラッシュになっていた。そのため折角ぶらさがっているインゲンを、大きすぎて固くなる前に収穫しなければいけないと農場主は思うのだがなかなかそこに手が回らない。それで七日のあとは六月十一日に至ってようやく収穫が行われたのである。しかもこの収穫は農場主ではなく、その妻女が行ったと農場日記に記されている。農場の妻女も主人と同様、八十歳近い老婆であるから、インゲンの森の下を覗くために地面にかがみこんだとき、運悪くバランスを崩して前方につんのめってしまったのであった。この時のインゲンの収穫は百本だったので、農場の家族はそれから数日、味噌汁の実はインゲン、胡麻和えもインゲン、肉ジャガもインゲン入り、ステーキの付け合わせもインゲン、とインゲン尽くしの生活を送ったのであるが、そのあと四日ほど旅行をして帰ってきた六月十七日には二百本穫り入れた。

農業という事業は、耕耘《こううん》、施肥、種蒔き、育成、草取りなどで構成されているが、それらとともに収穫と消費というのも大きな要素をなしているのである。

第13話——七月

ウドンコ病に関する思索
附シオカラトンボ飛来のこと

さて、七月、梅雨時、わが農場の様子はどうか。

第一に報告すべきは、やはりクワイ池のことであろう。クワイの草丈はさらに伸びて三尺に達している。株も大きくしっかり池中に根をおろして、一株を構成する茎の数は十本をかぞえるまでになっている。生育順調である。

地下茎も鉛筆より太いものが何本も水中に走っているのが見える。狭いプラスチック池なので地下茎は伸びていこうにも先がつっかえているから、仕方なく背中を泥の上にアーチ形にせりあげてくる。当農場は地上もそうだが、池の中もギチギチなのだ。二ＤＫで子供をたくさん育てているようなものだ。それでも、昨年は池の壁に押し付けられて片側が平らに変形しながらもクワイはできた。涙ぐましくも嬉しいことだった。今年はどういうことになるだろう。ああ、しかしクワイたちにもっと広い世界を与えてやりたいものだ。来年は奮起して庭に池を掘ろうか。

ちいさなプラスチック池ではあるが、先日、シオカラトンボが一匹やって来て池に突っ立っていた棒の天辺に羽根を休めた。水辺を求めるのであれば二キロメートル飛んで行けば井の頭公園の広大な池に行くこともできるのに、よりによって住宅地の中のわたくしのプラスチックの池に休憩の白羽の矢を立ててくれたのだ。嬉しいことだ。

シオカラトンボは翌日も、またその翌日もやって来た。そしてさらに感動的にも、三日目に来たときには女友達ムギワラトンボとオツナガリの形の二機編隊で現れた。そしてプラスチック池の上空をオツナガリ状態でしばらく飛行してどこかに去って行った。四日目、彼らはまた現れた。今回は二匹とも単独飛行だった。そうしてムギワラトンボが単独で降下してきて、池の水面をおおよそ五十回尻尾で撫でたのである。産卵である。そのあいだ、シオカラトンボはムギワラトンボのおおよそ五十センチ上空にピタリと停止し、空中ホバーリングをして周辺を監視していた。ムギワラ女は水面を丹念に撫でたあと、シオカラ氏となかよくどこかに飛び去った。

ああ、わたくしの池に遠からず、可愛いヤゴが現れるであろう。そして来年はわが池からトンボが飛び立つのだ。

プラスチック池の報告には、当然、前々回に報告したメダカ投入のその後のことも含めなければいけない。

メダカを投入したあと、わたくしは毎日数回、池の傍らにしゃがみこんで彼らの活動を観察した。メダカはよく働いてくれて、目的のボウフラ撃滅は日ならずして達成され、メダカのために支払った費用は回収され、この件は落着したのだが、それとは別にわたくしは彼らを見ながら次のようなことを考えたのである。

クワイ池は昨年の経験によると、盛夏にときどき水が干上がってしまう。真夏、かんかん照りの日、クワイは盛大に水を吸い上げるから、朝、補給しても夕方には泥の表面にわずかに水が残るぐらいになる。ほとんど無くなることもある。昨年はそれでもよかった。しかし、今年はまずい。メダカがいるからだ。そこでわたくしはクワイ池からメダカを避難させることにした。メダカ専用の池を用意して、そこに移すことにしたのだ。

そう考えたわたくしは、昨年クワイ栽培に使用した二尺四方のがっちりしたプラスチックの箱を持ち出し、箱の底に玉石を並べ土も少し入れ、水を満たし、メダカといっしょに買ってきたキンギョ藻とホテイアオイを移した。そしてここにメダカを引っ越しさせることにした。ところがここで新たな問題がもちあがった。

メダカをどうやってクワイ池から掬《すく》いだすか。それが問題だったのである。掬うべき網もない。たとえ網があっても、池には五本のクワイががっちりと根を下ろしている。メダカは人間の気配を感じると根の下に逃げ込んでしまうから捕まえるのは簡単なことでない。一匹ずつ釣るという方法も無くはない。むかし荒川でタナゴを釣ったことがあるからそういう考えを抱いたのである。だがメダカはタナゴより圧倒的にちいさい。メダカを釣る針があるかどうか。針はあっても餌は何にするか、などなど、問題は多いのでこの作戦は放棄せざるを得なかった。やはり網で掬うしかない。

ともかくまず網を手に入れなければならなかった。

では、網はどこで売っているか。わたくしが子供の頃にはそこらじゅうに駄菓子屋があって、魚を掬う網やトリモチや竿や虫籠など、子供のアウトドア生活用品は簡単に手に入った。値段も子供向きで、トリモチなどはだいたい一銭から二銭でモチ竿に塗る一回分が買えた。三銭出すとずいぶんたっぷり塗れた。たっぷり塗れるから翌日も使えた。大量に塗ると一日すぎても乾き切らないから、つばをつけて練りなおせばいい。三銭分を塗りつけるとずいぶん気分が大きくなった。魚とりの網なども十銭で買えた。だが、わたくしが活躍したのは遠いむかしのことで、いまはメダカを掬う網がどこで買えるのかも知らない。

あとで知ったのだが、この疑問に対する正解は、メダカを買ったホームセンターの同じ売り場だった。しかし、悲しいことにそのときは思いあぐねて、そうだ東急ハンズに行けばあるだろうと考えてしまった。子供の頃この分野における専門家だったのに、いまは情けないことに商品知識の欠如を東急ハンズで埋め合わせようと考えるところまで零落していた。

新宿の東急ハンズに網はあった。わたくしのような消費者はまんまとハンズの餌にかかるのである。プラスチックの二メートルぐらいの柄がついていて、網は白い紗《しゃ》でできていた。値段は高かった。メダカ五十四より高かった。だから、これを買うのはとほうもない無駄遣いのような気がした。正しい消費行為でないかもしれないと悩んだ。このようなお金の使い方をするのは道徳的に間違っているのではないかとさえ思った。その予感はあたっていた。十日ぐらい後、ホームセンターのメダカ売り場で、同じ網を東急ハンズの半分の値段で売っているのを発見したのである。

　買ってきた網はクワイ池に突っ込んで使用するには大きすぎ、改造が必要だった。このことは買うときから分かっていたが、網はこれしかなかったから仕方なかった。わたくしは家に帰ると、新品の網を鋏でじょきじょきと切り取り、十六番の針金でこしらえた縦横十五センチぐらいの枠に縫い付けた。針と糸を用いた一時間ぐらいの作業だった。

　網ができたら問題は解決だったろうか。いや、そうはいかなかった。上手に網を入れないとメダカはクワイの株の向こう側に逃げてゆく。それではと向こう側に廻ってゆくとメダカはこちら側に逃げる。解決策のない鬼ごっこになる。

　わたくしには助手が必要だった。だれかに頼んで、クワイの株の向こう側からわたくしの待ち構えている側にメダカを追い出してもらうのである。これは細心の注意を要する作業だ。狭い池にクワイの株が五株がんばっている。メダカの泳ぐ水路は複雑になっているし、追い出すとき水中の泥を掻き立てたりしたら作業に差し支える。

　幸い有能な助手を得ることができた。春の農場発足に手を貸してくれたヨシナガ君だ。かれがやってきて的確にメダカを誘導してくれたおかげで作業がつつがなく完了したのは目出度いことだった。

メダカを引っ越しさせて分かったことがあった。買ってきてから二ヵ月のあいだにメダカは卵を産んで増えていた。三十匹に足りぬほどだったのが、いま、大、中、小、微小、極微小のメダカを合わせると百匹ぐらいになっていた。

さて、クワイ関係の報告はこれまでとし、次の話題に移ろう。次の話題はウドンコ病である。

ウドンコ病。なんと禍々《まがまが》しい名前だ。わたくしはウドンコ病というと、先の大戦時、小学生だった頃によく見かけたシラクモ頭の友人たちを思い出す。この半世紀、シラクモ頭の子供は絶えて見かけないが、あの頃は珍しくなかった。いまは衛生思想が行き渡っているから少なくなったのだろう。シラクモというのは足指のあいだにできる水虫と同じ菌によって頭に発生するもので、フケを栄養源として増殖し、頭皮を真っ白なカビ状の膜で覆ってしまうのだ。ウドンコ病にかかった作物も同じような症状を呈するのである。

ウドンコ病というのはわたくしの経験ではキヌサヤエンドウやキュウリやカボチャに発生する。キヌサヤエンドウを例に取って説明しよう。キヌサヤエンドウは晩秋に蒔《ま》き、冬の霜から囲って大事に育てる。そうすると春が来ると、暖かさにつられて少しずつ背丈を伸ばしてくる。そうしてスイートピーと同じ、きれいな花を咲かせる。花が結実すると、春のお吸い物の実にする。ところが何回か穫り入れをしていると、草の根本に何か白いものが見えることがある。葉が枯れたのだろうなどと軽く考えているうちに、白いものは上に向かってだんだんに広がってくる。そうしてキヌサヤエンドウの草全体が真っ白になって力を失い、気息奄々《えんえん》の状態になる。もうキヌサヤエンドウは栽培主にエンドウ豆を供給することができない。最後に、椿姫を思わせる姿でキヌサヤエンドウは早すぎる一生を終える。椿姫は肺病。キヌサヤエンドウはおそるべきウドンコ病だ。

ウドンコ病にかかると植物はうす汚なく真っ白になって死ぬ。菌が増殖して栄養分を吸い取って枯らしてしまうのだ。ウドンコ病のいやらしいのは、気付いたときにはもうあたりいちめんに菌をまき散らしているから、あっという間に死んでしまう。気を付けていないと手遅れになる。

農場開設以来、昨年までキヌサヤエンドウ、キュウリ、カボチャなどに手を出さなかったのはウドンコ病を見るのがいやだったからである。だが昨年の初冬、わたくしはキヌサヤエンドウの苗を植えた。そして今年の春、相応の収穫を得ることに成功した。そのあいだ、恐れていたウドンコ病は発生しなかった。危うい道をまんまとすり抜けたのだ。

昨年の初冬、おそるおそるだったがキヌサヤエンドウに挑戦したのは、都下各地の農場を自転車で視察するたびに見る、手練《てだ》れの農業者のキヌサヤエンドウ畑の見事さに驚き、讃嘆の念を抱いたためにやってみたくなったためだ。どこと名を挙げないが、そういう農家があちこちにある。

そういう畑を見て分かるのは手練れの農業者はわたくしとちがって十分な準備をして栽培しているということだ。たとえば支柱だ。わたくしは、すこし伸びたエンドウのツルが春の強風になぶられているのを見ると、とりあえず一メートルぐらいのささやかな支柱を与える。そしてツルが一メートル近くなると、これではいかんと思って、お金をグンと張り込んで、二メートルぐらいの支柱を三本くらい買ってきて付け足す。これもとりあえずである。やがて二メートルでも足りないということが分かると、そうだ三メートルの棒を買ってきて、棒と棒のあいだにネットを張ればいい。キヌサヤエンドウのツルはこれ以上の支えが無いと分かるとネットに摑《つか》まるだろう。そう考え、むかし使った古ネットを探し出して張るのである。いつもなんでも、とりあえずである。であるから、わたくしのキヌサヤエンドウ畑には何本も支柱が立っているくせに、そのほとんどは最後までは役立たない。最後に立てた三メートル棒二本と古ネットでやっとこさキヌサヤエンドウを支えている。キヌサヤエンドウの周囲には棒が何本も立っていたり古ネットがぶらさがっていたり、乞食小屋みたいになっている。

それにたいして、手練れの農業者の畑は十分な準備をしている。わたくしが最後に買ってきた三メートル支柱より太くて長い支柱が惜しげもなく縦横に使われている。彼らの畑はまるでジャングルジムだ。生えているキヌサヤエンドウの草丈だって格段にちがう。今年の春、わたくしは自分のキヌサヤエンドウの出来に十分満足したのであったが、彼らのキヌサヤエンドウは優に五倍ぐらいに育っていて、元気な脇枝もたくさん出ていて、数えきれないほど実が生っていた。わたくしの農場で収穫したキヌサヤエンドウは、全期間を通じ百個ぐらいだったが、彼らの畑には五人ぐらいの人間が朝から晩まで昼飯抜きで働かなければ収穫しきれないぐらい生っていた。


わたくしはここで反省するのである。ウドンコ病について意見を述べるつもりだったのに気が付いたらキヌサヤエンドウの話にもつれこんでいる。ここで話の筋を本筋に戻さなければいけない。

そもそもウドンコ病に言及したのは当農場にウドンコ病が発生したためである。だがいったい農場の何にウドンコ病が発生したのかまだ明らかにしていない。だから、言おう。手っ取り早く言うとカボチャである。

カボチャのことは、農場の報告にまだいちども出てこない。だが当農場にはカボチャも生えていた。言及しなかった作物には、ほかにジャガイモもある。これらに言及しなかったのは、あまりにも俗な作物であるから、こんなものをこしらえていることが分かったら軽蔑されると考えたからだろう、と言う人がいるかもしれない。しかし、それは当たっていない。そんなことを言うのはカボチャにもジャガイモにも失礼なことである。

この二品種の作物に言及してこなかったのは、これらが予定外の作物だったからである。春が近くなるとわたくしは予定する作物の一覧表と作付け地図を作る。だが、今年、この二品種は予定表には載っていなかった。載っていないのに農場にカボチャとジャガイモが存在するのは、彼らが非公式的に勝手に育ち始めたからである。人間でも、ちゃんと蒔きつけてできた人間と、予定しなかったのにできた人間があるのと同じである。しかし、人間も同じであるが、できてきたからには育てなければいけない。それで育てたのである。これが正式のリストに載らなかった理由だ。

カボチャもジャガイモも、発生場所は同じだった。昨年、台所クズを始末するために農場の一隅に設けたコンポストの跡地だった。コンポストの中に捨てられたカボチャのワタとジャガイモのかけらが芽を出した。せっかく芽を出したのだから踏まないようにしていたらどんどん成長した。本家の息子よりお妾さんのところの息子が出来がいい、ということがあるが、これらのジャガイモとカボチャは放任していたにもかかわらず立派に成長したのである。ジャガイモはすでに収穫して食べてしまった。ピンポンの玉ぐらいのものが二十個穫れた。うまかった。

さて、いまようやく、ウドンコ病の主役、カボチャについて語る時が来た。ジャガイモも良くできたが、カボチャはもっとすごいのである。最初、カボチャは三十本ぐらいぞっくり芽を出した。それを間引いてだんだんに一本にしたのである。

ゴミ捨て場跡から生えてきたカボチャにわたくしは何も期待していなかった。実際本葉を何枚か出したカボチャは六月の初旬まで伸びようとせず逡巡していた。いずれは抜かなくてはとわたくしは思っていた。ところが六月の十日になると急に伸び始めたのだ。六月十八日には三メートルも伸び、畑の縁のモチノキの根元に達してしまった。それからもどんどん伸びてモチノキの枝を伝わって上に上って行く。そうして六月末から七月のはじめ、次から次に雌花を咲かせたのである。雌花が咲きそうだと分かるとわたくしは早起きしなければならなくなった。交配するためである。九時には花は閉じはじめるからだ。

カボチャの伸び具合はすさまじかった。ジャックと豆の木のスピードで伸びていった。七月の五日ぐらいになると隣の家の二階の窓のあたりで雌花を咲かせたので脚立を立てて交配したぐらいだ。

このカボチャが七月の七日、七夕の日に、突如ウドンコ病を発症した。

カボチャのツルにはすでに大中小のカボチャがぶら下がっているからここで枯れ死にさせるわけにはいかない。ウドンコ病は死の病だと考えていたが、調べると効くらしい薬がある。カリグリーンという薬だ。わたくしはただちにホームセンターに自転車で駆けつけ、カリグリーンの箱を一箱六百六十円で買った。店の人に言われてダインという展着剤も買った。これは五百四十八円だった。もう値段などを気にしている場合ではなかった。カリグリーンというのは箱の中に分封になって十袋入っていた。この一袋を一五〇〇CCの水に溶き、そこにダインを二滴垂らすのである。わたくしは現在八十歳だから、もうそろそろこの世は終わりなのである。であるからこういう辛気臭く、かつ面倒くさい作業に振り向ける時間はないのである。しかし、いまはそういうことを言っている場合ではなかった。わたくしは何故こういうことになってしまったのか、と反省しながらこの作業を行ったのである。

もう紙数が無いから手短かに言うと、わたくしは埃《ほこり》まみれの怪しげな古スプレー器を探し出してきて、カリグリーン溶液をカボチャにスプレーしたのである。

簡潔に言おう。カリグリーンは現時点、七月十七日、すこしは効いているように見える。

第14話 ―― 八月

マクワウリとナンキンマメとカボチャ
予期せぬことと予期したこと

お盆だ。

暑い……。カンカン照りだ。

年寄りに暑さはこたえる。ややもすればグッタリする。

だが農場経営をしているのだから、カンカン照りは天の恵みだ。太陽が照るから作物は育つ。いま農場は結実のときだ。春以来の努力が実りつつある。

今朝わたくしは六時半に起床してツッカケを履いて農場に出た。そうしてまず農場の西に設置したメダカ池のメダカに餌をやった。飼いはじめて二ヵ月、この頃メダカたちに餌をやるのが欠かせない朝の行事となっている。わたくしは自分が朝ごはんを食べなくても、メダカに餌をやらないと落ち着かない。メダカたちはツッカケの足音が近づいてくるのを敏感に察知し、池の傍らにしゃがむともう水面に集合している。そうしておなかが空いた、餌が欲しい、という顔をするのである。

メダカの餌というのは直径六センチメートルの円筒形の筒の中に入っている。これはスパゲッチイに振りかけるパルメザン粉チーズの容器そっくりであるから、食卓に置いておくとうっかり間違う可能性がある。餌となる物質は細かい粉末状態になっていて、円筒の頂上の半円形の蓋をパクリと開き、さかさまにして振ると直径八ミリメートルの穴からフリカケ状の餌がはらはらと水面に落ちるのである。落ちたフリカケは表面張力によって急速に水面上に広がる。もちろんそのときには大中小、微小極小のメダカたちは水中に蝟集《いしゅう》して、待ちきれないというふうにあっちに行ったりこっちに来たり、急速遊泳を繰り返している。餌が水面にひろがると一斉に餌にとりつきはじめる。そのときわたくしは自分がメダカたちに期待されている重要な存在であることを知るのである。

メダカの餌やりのあと、農場巡察を始める。わたくしは開け放たれた居間の前に戻り、まずそこから農場を見渡す。夏の最中であるから農場は緑、緑、緑、緑、緑。緑一色である。緑の正体は目の前に左側から順に、東、中、西とならんでいるわが農場である。わたくしは毎朝それを順繰りに視察するのだ。

　この八月のわが農場はどうなっているだろう。まず東農場から説明しよう。東農場の主たる作物は、収穫期がとうに去ってしまったツルナシインゲンである。今年はインゲンが出来過ぎ、当家はインゲンづくしで暮らしていた。それで、しまいに収穫するのが面倒臭くなって放置しておいたので、サヤが褐色に乾いてぶら下がっている。木そのものも老齢期にさしかかって枯れかかり、ガックリ倒れかかっている。だからインゲンの枯れ木を除去したいのだが、インゲンの列に、隣の畝《うね》に蒔《ま》いたマクワウリが覆いかぶさって、ツルには小さな黄色い花がたくさんついているからそうはいかない。

　マクワウリは四穴蒔いた。それぞれに五、六粒を蒔いて間引きして一本にしたのがこうやってはびこってきたのである。マクワウリはキュウリの仲間だから種も同じ形をしている。長さ一センチメートルぐらい。平べったくて、ちょっとした風でも飛んで行くぐらい軽い。こんなものから本当に芽が出て実が生るとは思えない。だが折角買ってきた種だから蒔くだけは蒔いてみよう、ということで蒔いたのである。全く期待しないで蒔いたのである。

　インゲンなどは蒔いて一週間もたてば芽を出す。ナッパ類もそうだ。ところが全く期待しないで蒔いたせいかマクワウリは一週間たっても二週間たっても芽を出さなかった。蒔いたのが四月末だったが五月半ばになっても芽は出ない。もう駄目だ、ここはほっくり返してダイコンでも蒔こうかと思っていたら、五月末、気がついたら貧弱な芽が出ていた。貧弱でも芽を出す気になったらしい。もちろんまわりに雑草が生えていた。雑草の中に芽を出したのだ。それで雑草を抜いたり間引きしたりしてみたのだが、なにしろ貧弱な顔つきの植物だ。まあ、折角芽を出してくれたのだからそのままにしておこうと放置しておいたら、また雑草が生えてきた。

　それがどうだ。いま、眼前のマクワウリのツルに実が生っているのである。実の存在に気付いたのは一週間前である。八月の上旬だ。わたくしは衝撃を受けた。腰が抜けるほど愕然とした。全く期待しなかったマクワウリに実が付いたのだ。わたくしの受けた衝撃は、誰も期待せず名前さえ知らなかったオリンピック出場選手が、気がついたら金メダルを取っていたときに日本国民が受けた衝撃に似ていた。わたくしはいままで自分がとっていたマクワウリにたいする冷たい態度を深く反省した。もちろんわたくしは直ちにツッカケを脱ぎ、長靴に履き替えて雑草に埋もれた畝の中に足を踏み入れ、マクワウリのツルを傷めないよう細心の注意を払って雑草を引き抜き、地面をきれいにし、化成肥料を一摑《つか》み、あたりにばらまいた。

発見したとき、そのマクワウリの実は、へたから花落ちまでの長さが六センチメートルだった。それが今朝計測すると八センチメートルになっていた。長さを体積に置き換えると、体積は長さの三乗であるから、一週間で二倍の大きさになっている。冷たい目で見られながらも地道に成長しているマクワウリの姿に、いい加減な生き方をしてきたわたくしは頭が下がるばかりだった。

これはわが農場ではじめてのマクワウリだった。そのためにわたくしはマクワウリについてなにがしかの知識を得たいと思うに至った。マクワウリとはいかなる野菜であるか。その起源はなにか。人間との歴史的関係はどうなのか。ということに加え、マクワウリを栽培するにはどのようなことに気をつけるべきかという形而下的技術的な面にさえ事後ではあるが目配りしたくなったのである。

物事を調べるのにインターネットを利用する人がいる。しかし、インターネットに寄りかかって知識を得ようというのは決してほめられた態度ではない。それは分かっているが、インターネットが供給する知識がすべて信用できないものであると考える根拠もないので、わたくしはそういう言い訳をしながらインターネットを操作してなにがしかの情報を得た。次のようなものである。

まずわたくしが知ったのはマクワウリというものは多くの他の野菜と違って気

難しい野菜である、ということであった。気難しいというのは、栽培に気をつかわなければいけないということである。まず第一に、簡単には芽を出してくれない。光がきらいだから地面に蒔いたときには一センチメートルぐらいの土で覆い、暗くしてやらなければいけない。しかも種を蒔く前に一日水に浸けておく。発芽には高温が必要で、摂氏三十度ぐらいの温度を必要とする。わたくしのマクワウリがなかなか芽を出さなかったのはこういう事情だったらしい。さらに、ツルが伸びてきたら本葉五枚のとき芯を止めて子ツルを育て、それが伸びてきたらまた芯を止めるのが本当らしいのだ。実が生るのは孫ツルだというのだ。また、畑の土は酸性ではいけない。

そんなことを何も知らないでただ地面に種を蒔いただけだった。それなのに当農場のマクワウリは実を三つもつけてくれたのだ。これを知ってわたくしが感動を深めたのはもちろんである。こういう知識を事前に持っていれば、当農場に今頃は三十個ぐらいのマクワウリがゴロゴロ生っていたかもしれない。栽培技術的には、一株のマクワウリに生らせる実は八個ぐらいが適当であるとインターネットは言うからである。だがそんなに生らなくていい。三個で十分だ。

今年の春、わたくしがホームセンターの種売り場で発作的にマクワウリの種に目をつけ購入したのは、むかし小学生だったときの夏、北海道の祖母の家で見た風景が頭に浮かんだからだ。海に近かった祖母の畑にはジャガイモやカボチャなどとともに、黄色く熟したマクワウリがゴロゴロしていた。カボチャもゴロゴロ、トウモロコシも生り放題だった。そのときわたくしはマクワウリというのは海岸の砂だらけの地面にゴロゴロ生るものであって、通りがかった人がもし急に食べたくなったら、そのゴロゴロから一つでも二つでも自由にとって食べていいものだと考えた。わたくしの考えるマクワウリは夏からの贈り物だ。マクワウリというのは自由でおおらかな作物なのだ。であるから人間にはそういうマクワウリにたいして何個生らなければいけないなどと要求する権利はない。三十個生るのも三個生るのもマクワウリと夏の気持ち次第なのである。

すでにわたくしはマクワウリについて話し過ぎたきらいがあるが、話さねばならぬことがもう一つ残っている。何故マクワウリが生ったか、ということについてだ。カボチャも同じことだが、マクワウリにも雄花と雌花があり、実となるのはもちろん雌花である。そして雌花が実になるには雄花の花粉が交配されなければいけない。カボチャのときはわたくしがそれを行った。カボチャの花は大きいから、雄花の蕊《ずい》を摘み取って雌花にこすりつけるのは簡単だ。だが、マクワウリはそうはいかない。雄花も雌花も頼りなく小さいから簡単にはいかない。それどころか今回は雌花が咲いたことさえ気付かなかった。それなのに結実したのは何故か。

昆虫が仕事をしてくれたのだ。朝、マクワウリの茂みを眺めていて分かったのだが、ツルの周りにどこから来たのか知らないが小指の爪ほどの小さなシジミチョウが三匹も四匹も飛んでいた。蝶のほか、ハチも飛んでいた。足が長いからアシナガバチかもしれなかったが、そんなふうな小さなハチが何種類も朝日を浴びて飛んでいた。蠅《はえ》もいた。ウンコバエみたいなでっぷり肥ったやつ。それから見たこともない、怪獣のような不思議な形の甲虫。そういうのが花の周りを飛んだりごそごそ歩き回ったり、花の中に長々と首を突っ込んでじっとしていたりする。住宅地の中のちっぽけな庭の、ちっぽけな畑ではあるが、そこに季節になって作物の花が咲くと、どこからともなくそれなりの昆虫が集まってくるのは不思議なことでないか。

繰り返しになるが、マクワウリの花というのはカボチャの花のように大きいものではないから蕊の蜜の量などたかが知れているが、昆虫たちは昆虫の都合でこれで十分という顔をしているのである。昆虫とマクワウリの利害関係がうまく合致しているからマクワウリは実をつけたのだ。その結果、蒔いたわたくしは実を食べることができる。であるから、昆虫を邪魔ものとしてスミチオンなどを噴霧するのはいけない。絶対にいけないのである。

マクワウリに関する感想は以上までとし、次はナンキンマメに移ろう。ナンキンマメは東農場の今年のもう一つの新たな試みである。植えたのは二株だけだが新企画であることは確かだ。この作物も六月まではおとなしく神妙に構えていたが、七月に入ると急に枝を広げ領土を拡大しはじめた。おとなしい構えだと見えた植物も、動き始めると遠慮がないものである。現在、一株の占める面積は座布団一枚をはるかにしのぐ。七月中はしきりにオレンジ色の花を咲かせていたがいまは一段落である。

一段落したところで、いまナンキンマメは何を考えているのだろうか。よく見るとそれは分かる。いま、ナンキンマメは花の散った花柄を尖らせて伸ばし始めているのである。鋭く尖った枝先は地面に向けられている。地面に突き刺さってゆこうという構えだ。地中に刺さりこんで、爪の先端に豆を生らせる計画をたてているのだ。複雑怪奇なことをする植物であると言える。

これにくらべればインゲンやエダマメなどはやることが単純だ。幹を真っ直ぐ伸ばし、枝を生やし、枝に花を咲かせ、咲いた花の後の姿がエダマメだ。これを標準に考えると、わざわざ枝先を地面の中に突っ込んで秘密基地みたいな鞘《さや》の中に豆をこしらえるのは作業としては複雑だ。いったい何のためだ。だが、いまそれを問わないことにしよう。

東農場に関して、今夏の作物はこれだけであるが、正式にはそうであってもこぼれというものもあるのが世の常であるから、ついでにそれらにも触れておこう。ナンキンマメのすぐ隣に青シソが数株生えている。背は高く伸び、葉も大きなのがぎっしり生えているばかりか、さらに次々と新しい柔らかい葉が生えてくる。シソの森といっていいぐらいになっている。青シソというのはともすれば虫がついて葉っぱが穴だらけになったりするものだが、今年はそんなこともない。しかし、こんなに育っているのに、用途は薬味であるから食べるのは一回に数枚にすぎない。東農場についてはこれぐらいである。

次は中農場である。

中農場は西農場と共に、当農場の中核農場である。ここで現在生産活動を盛大に行っているのはトマト、ナス、ピーマン、シシトウ。どれも夏の花形野菜であるが、これらのうち、今夏特筆すべきものはなんといってもトマトであろう。トマトは毎年作るが、やはり出来不出来というものがあって、出来ない年のトマトは前年の使い残りの湿った花火のようなものだ。いちおう実がつくが数も味もパッとしない。お義理だけで済まそうという作柄だ。そしてそれだけで夏は終わる。育てた人間は、これはこれで仕方ないかと自らを慰めて終わり、という具合になる。

ところが、今年はそうでない。今年のトマトはすごい。農場を開設してそろそろ十年にもなるが、これほどのトマトは経験したことがない。まず背丈だ。通常、当農場のトマトはわたくしの背丈ぐらいに伸び、果実を生らせる枝は六段ぐらい。一枝にモモタロウのような中型トマトなら六、七個といったところである。

今年植えたのは中玉トマト「フルティカ」とミニトマト「千果」、それぞれ二本である。すごいのはミニトマト「千果」のほうだ。これが奇跡的成果をあげている。木はずんずん、着実に丈を伸ばした。もちろん支柱が必要だから伸びるたびにより長い支柱をあてがっていたが、七月に入るともう間に合う支柱がなくなったから支柱を物干し竿に代えた。現在の高さは三メートル。天辺に手は届かない。作業をするには脚立を持ってくる。

背丈だけでない。実のつき方もすごい。現在九段目の枝に花が咲いている。仰ぎ見る天辺だ。下のほうの枝には、一段に実が三十個はついている。その様子は秋田竿灯祭りの提灯《ちょうちん》を思わせる。しかも数だけでない。一粒一粒が充実して、生き生きとし、つやつやしている。青いうちもつやつや。赤く熟してもつやつや。採ってきて食べれば味は抜群。甘くジューシーだ。フルティカも申し分ない。六月から、ピンポン玉を大きくしたような実をすでにかなりの数収穫している。

あとはナス、ピーマン、シシトウである。これらの実はもっぱらわたくしの朝食のタマゴ焼きやハムのお皿に、横に付け合わせに載るのである。とくにわたくしはシシトウが好きだから毎年必ず作る。しかし、どういうわけか今年は成績が良くない。不思議なのは、木は一人前に育ち、早いころからたくさんの花をつけ、現在だって百ぐらい咲いているのに、どれも実にならない。こんなことは初めてだ。であるから、仕方ない、同時に植えたピーマンとスーパージャンボシシトウを食べている。

そうだ、シシトウの代替物はもうひとつある。西農場で栽培しているオクラだ。八月に入り暑くなってから、オクラの実のつきが良くなり、毎日五個ぐらいの収穫がある。これをフライパンでちょっと炒って醬油をかけて食べる。ハムやソーセージとも相性が良い。オクラは十二本植えてあるからこれからが頼もしい。

中農場について語るとき、トマトに負けず重要なのは前回にも紹介したカボチャである。このカボチャがウドンコ病にかかったことはすでに述べた。そして対策としてカリグリーン水溶液を噴霧したことも記した。しかしカリグリーンの効能も限りがあったらしく、それから十日ぐらいしてカボチャの葉はまたじわじわと白くなり、ゆっくり枯れていったのである。しかし、幸い枯れたのは全長二十メートルにもなろうかと思えるツルの下半分で、先端に向かう半分は勢いは衰えたものの鮮やかな緑の色を保っている。

それでカボチャの実はどうなったか。

大丈夫健在である。現在直径は二十三センチメートルのものがふたつ、青黒い堂々とした風姿を見せてツルにぶら下がっている。その姿はわたくしが毎日三回食事をとる当家の食堂のガラス窓から眺めることが出来る。これが実に鑑賞に堪える姿なのである。やはり大きな生り物はいいものである。

カボチャはヘタのところがコルク化してそろそろ穫り入れ時期である。一説によるとカボチャは交配して五十日目が収穫日だという。そうだとすると八月の二十日がその日である。もうすぐだ。だが、また一説には、ツルも葉も完全に枯れてカボチャが地面に墜落してきたときが収穫日だともいう。そうだとするとまだしばらく先となる。わたくしとしてはツルにぶら下がっているカボチャの姿をすこしでも長く見たいから後者を収穫日としたい。

今回はこれで紙数が尽き、西農場とクワイ池ＡＢＣＤに触れることが出来ないのは残念である。それはまたということにしよう。

第15話——九月

サツマイモ考（その一）ツルボケに関する反省

九月も十日過ぎになったけれどあいかわらず暑い。関東地方では気温三十三度ぐらいの日が続き、小学生が運動場で倒れたとニュースが言う。老人は欠かさず水を飲めと新聞が書き立てる。

暑いのは東京だけでなく日本中だ。いや日本だけでなく、北極も南極も暑くなって氷が解けて、世界中の海水面が上昇しているらしい。南洋の島国などは水没するかもしれない。可哀そうではないか。そんなことにならないことを神様にお願いしたい。そんなふうなので、部屋から農場に出てゆくのも億劫《おっくう》だ。だが我慢して出てゆく。

なぜ我慢してまで出てゆくのかというと、わたくしはパンを毎朝の常食にしているからだ。パンを常食にすると、やはり別の皿に卵焼きとウインナソーセージが無いとバランスが取れないことになり、卵焼きとウインナソーセージが皿に乗っていればその横にトマト、シシトウ、オクラが赤と青の色を添えなければさまにならない。しかもそのトマト、シシトウ、オクラは昨日買ってきて冷蔵庫に保管されていたような新鮮さに欠けるものでは健康に良くない。であるから、朝から照りつける太陽のもとに我慢して出てゆくのは、当家農場特産のトマトとシシトウとオクラを収穫するためである。

そういうわけであるから、毎朝わたくしの口に入る野菜はいつも収穫後二分乃《ない》至《し》三分以内のものなのである。それが口を経て胃袋に収まるのはその五秒後である。これを新鮮と言わず、なにが新鮮であろうか。

さて、今回もまたわが農場の現況について報告することになるが、複雑煩雑な報告は書くほうも大変だし読むほうにも退屈以外の何ものでもないのであるから、簡潔に報告しよう。

報告。現在、当家農場はサツマイモに支配されている。

いまわたくしは簡潔を旨として報告した。たしかに簡潔である。だが、簡潔さにも短所と長所というものがある。この場合、たしかに簡潔であるが、これだけでは受け取るほうとして不十分である、と言う人が出てくることも考えられる。いったいサツマイモに支配されているというのはどういうことか。それをもっと眼前に状況が髣髴《ほうふつ》するように言ってもらいたい、という意見が寄せられることも考えられる。であるからこの場合には簡潔さが短所として表れたということができる。それであえて補足的説明を加えるとこういうことである。

報告その二。九月中旬現在、わが農場はすべてサツマイモのツルと葉に覆われて、東、中、西の三農場を判別することさえ不可能という状態になっている。

これは農場主であるわたくしが春にサツマイモを植えたとき予想していなかったことだった。しかし何故こういうことになったのかは、もちろん分かる。サツマイモには自分が割り当てられた農場の区域の判別ができないからこういうことになったのだ。

事態がこうなったのはいきなりのことではない。一ヵ月ぐらい前からその気配はあった。一ヵ月前あたり、当農場は華やかだった。トマト、オクラ、ピーマン、シシトウなどが元気よく育って、どんどん実をつけていた。当分のあいだ毎日の供給に心配はないと思わせるぐらい鈴なりに生っていた。ところがそれらの植物の根元に、サツマイモがすこしずつはみ出してくるのが認められるようになっていたのである。そこでわたくしはサツマイモのために割り当てた空間はすこし狭かったかもしれない。今年の農場経営方針は多種すし詰め栽培だったからこうなった。だから、あるていど融通をきかせてやらなければならないだろうな、と考えた。

わたくしがサツマイモに好意的姿勢をとったために、サツマイモは毎日領域をひろげていた。すこしずつでも、ひっきりなしに侵略行為を続けていれば結局領土は増える。そうなってゆくのをわたくしは日々確認していた。サツマイモは、本来はトマトやピーマンに専有権利のある領土をすこしまたすこしと侵略し、既成事実を積み重ねてきたのである。

この事態を認識したとき、わたくしはこう考えたのであった。ナスやトマトやピーマンやシシトウやオクラの領分はたしかに侵食されてはいるが、これらは立体的な植物である。どの植物も地面から空に向かって生えていて、地面より五十センチとか一メートル、トマトに至っては二メートルも高い空中に実を生らせるものだから、サツマイモのツルとか葉っぱが足元に這い込んできても、実害はすくないだろう。むしろ、これこそまさに多種すし詰め農法の真骨頂であると理解すべきだ。かれらは共存共栄可能の関係にあるのだから、これについてわたくしが新たになんらかの方針をたてて介入する必要はない。

そのように考えているうちに月日は流れて九月中旬になってしまった。そうしていまは見渡すと、農場は完全にサツマイモのツルと葉におおわれており、サツマイモのツルの海の中に、ナスやトマトやピーマンやシシトウやオクラが波に揺られる澪標《みおつくし》のように突っ立っている。かれらはまるでサツマイモ畑の中に間借りしているように見える。軒を貸して母屋を取られる好例である。

ではは母屋を取られたナスやトマトやピーマンやシシトウやオクラ本人たちの現状はどうなっているのであろうか。

九月も半ばになってしまったから、ナスはとうに終わっていた。二メートルもの高さに至ってしまったトマトも天辺のあたりに、ウラナリの実がいくつか熟しているのが見えるだけでもう終わっている。もう少しすると秋風が吹いてきてあの赤い実がふらふら揺れるだろう。盛んだったオクラの生産能力も低下していた。ピーマンも盛りを過ぎていた。

ただひとつ、シシトウだけはしぶとく生産活動を続けている。今年植えたシシトウはスーパージャンボシシトウである。普通のシシトウは長さがせいぜい五センチだ。フライパンで炒めるとあっけなくしょんぼりしてしまうが、このスーパージャンボシシトウというのは名前で分かるように大きい。長さが十センチメートルぐらい。太さも大人の親指ぐらいある。フライパンで炒めても存在感を失わない。普通のシシトウなどは炒めてしまえばだらしなくぐにゃりとなり、噛むか噛まないうちに喉を滑り落ちてゆくが、このほうはちゃんと噛まないと簡単には喉を滑り落ちてゆかない。それぐらい大きい。これがサツマイモの葉っぱの海に三本生えている。

スーパージャンボシシトウの実は大きいが恥ずかしがり屋で、顔を見せたがらない。顔を見せたがらないからどこにいるのか分かりにくい。分かりにくいから毎朝の収穫に工夫がいる。

分かりにくい原因は、葉っぱがよく繁ることと、一枚一枚の葉っぱが、大きさも色もシシトウの実とそっくりで、実はその葉っぱの陰に隠れる位置に生るからだ。擬態を心得ている。であるから、スーパージャンボシシトウは、そのそばに突っ立って眺めているだけではどこに実があるのかよく分からない。腰をかがめてみたり、向こう側に位置を変えてみたりしないと所在が分からない。どこに収穫すべき大きい実があるか、いくつ収穫可能であるか、調べないと分からない。しかも現在木の下は、足も踏み込めないサツマイモの葉っぱの海だ。サツマイモの葉っぱは勢いが良くて意外な大きさになっている。色艶もつやつやしている。元気溌剌《はつらつ》、わが世の春、となっている。本来なら地面に平らに這いつくばっているのが分相応というもののくせに、勢いに乗って、場所によってはツルの先が垂直に二尺ぐらい、天を目指して突っ立っていたりする。

わたくしはいまサツマイモの葉っぱについて書きすぎたきらいがあるから反省する。本来、ここでわたくしが言おうとしているのはスーパージャンボシシトウの収穫方法についてであるからだ。

前述せるごとく、スーパージャンボシシトウの実は擬態によって葉の下に身を隠してるから、最初のうち戸惑いを感ぜざるを得なかったのであったが、日ならずしてわたくしは一つの収穫方法を編み出した。

自分の手の触感を利用するのである。

具体的に言おう。手をこんもりと繁ったスーパージャンボシシトウの茂みに突っ込んで空間を撫でるのである。そうすると、手が実に当たると、ゴロンとかゴツンといった感触を得る。このゴロンとかゴツンという感じによって実の大きさも知ることができる。小さいな、と思ったら見逃す。この方法の開発によって毎朝のスーパージャンボシシトウの収穫作業は迅速かつ快適に行うことができるようになった。

そもそもスーパージャンボシシトウの実が、その名前のとおりすごく大きいものであることを知ったのはわりにあとになってからだ。この植物は大器晩成型であるらしく、実をつけ始めたのはナス、トマト、などより遅かった。八月に入ってからだ。六月七月の成長も芳しくなかったから、いちどは引き抜いて他のものに植え替えようと考えたことさえあった。そういう過去を持つ植物だったし、実が葉の陰に隠れる性質もあったため、しばらくわたくしは実が生り始めていたことに気付かなかった。それで、生り始めた初期の実はいつのまにか肥大し、自らの重量でぶら下がった枝を地面に引きずり下ろしていた。

撫で撫で方式はこういう実の発見にも効果的だった。茂みを撫でていると、変に動きの鈍い枝がある。そこで、手探りで枝を持ち上げようとすると、なにか重いものがぶら下がっている。なんだろう。そう思いながら引き上げると枝の下にスーパージャンボシシトウの巨大な実を発見することになる。

考えてみると、この撫で撫でをわたくしはすでに六月のツルナシインゲン収穫時に行っていた。ツルナシインゲンもやはり収穫時に葉っぱが邪魔になる。ツルナシインゲンの葉っぱというのはトランプのクラブの絵のような形をしていて、一枝は三枚の葉っぱで構成されている。それがたくさん生えて、ツルナシインゲンの木の下部を隠しているのに、インゲンはその葉っぱの付け根のあたりからぶらりと下がっているから見えにくいのである。

ツルナシインゲンの収穫のために人間は地面すれすれに、葉っぱの下を覗きこまなければならないから、腰や膝が痛くなるし、悪くすると地面につんのめるということはすでに記したところであるが、わたくしはツルナシインゲン収穫に際しても、葉っぱの茂みの下の暗闇に、見える見えないに関係なく、とりあえず左手を突っ込んで手探りする方法を案出していたのであった。

左手を突っ込んで、もしそこに実が存在すれば手に触れる。触れたら指先で大きさを吟味し、オーケーとわかったら、右手に用意した植木鋏をあてがってチョンとちょん切るのである。左手が実に触れたとき、シメタとばかりいきなり引っ張ると枝そのものが折れる危険があるから鋏を用いるのが大切だ。ツルナシインゲンの木は意外に折れやすいのである。

収穫作業中、手が一度に数本のツルナシインゲンを摑《つか》んでしまうことがある。しかもそれがすべて収穫適期の四寸とか五寸。こういうときはシメタと思うのが人情である。冷静であろうとしてもつい嬉しがってしまうわが身が情けなかったが、これはこれで仕方ないのである。

さて、ここでわたくしは本題に戻らねばならぬと考えるのであるが、いったい本題はなんであったのかというとサツマイモだった。わたくしはサツマイモがわが農場いっぱいに繁茂していることについて感想を書こうとしていたのであった。

サツマイモの葉っぱが繁りすぎているのは良い兆候ではない。土中の窒素分が多すぎると葉っぱばかり繁って土の下の肝心のサツマイモは不作になる。これをツルボケという。

そもそも、今年はサツマイモを作る予定は無かった。無かったのに作ってしまったのは、ホームセンターのおじさんがカウンターの下の売れ残りの萎《しお》れた苗を「持って行っていいよ」と言ったので持ってきてしまったためだ。貰ったものからなんとか植えられそうなもの十本を選んで農場の端に、とにかく挿してみたら着いてしまったのだ。それがこんなに繁茂してしまったのはナッパを蒔《ま》くつもりで窒素肥料を入れておいた場所だったせいだろう。しかし、全然駄目ということもないだろう。サツマイモを掘るのは来月だ。

サツマイモはむかし何度も作ったことがある。むかしというのは昭和十八、九年頃と昭和二十三年から八年までだ。昭和十八年というのはこの前の戦争の最中である。日本中食糧難になっていた時代だ。小学生だったわたくしもいつもお腹を空かせていた。それで、わたくしの家には比較的広い庭があったので、そこを父親は耕して畑にして、ジャガイモやサツマイモなど、ともかく腹に溜まる食糧を生産しはじめた。非力な小学生ではあったが、わたくしも父の命令でサツマイモの苗を植えたり、収穫したりした。

当時、サツマイモには品種としてキントキとタイハクがあった。キントキは実は黄色でホクホクした食感があった。イモの形は太かった。タイハクというのは色が白く、細長いイモだった。キントキにくらべると、ヨウカンを食べているようなしっとりと滑らかな食感があった。そのほかに、戦争が始まってからだが、農林一号というのがあった。本来焼酎を造るために開発されたイモで、これにはキントキのホクホクとした甘味も、タイハクのしっとりした甘さもなく、水っぽく不味いイモだった。しかし生産性が良かったらしく、日本中が飢餓に悩んでいたときなので流行した。わが家のサツマイモはもちろんキントキとタイハクだった。

昭和十八年、わたくしの家は世田谷の祖師谷にあった。戦争が日本に不利になってきて食糧難が始まったとき、食糧自家生産のために父親がずいぶん無理をして買った家だった。京王電車の分譲地だった。敷地は二百八十坪。当時の分譲地としては広いほうだった。そこに建売住宅が建っていた。

かれは筆まめな人で戦争中毎日詳しい日記をつけていた。その日記は新潮社から『太平洋戦争日記』という題で三冊本となって出版されている。いろんなことが書いてあるが、以下に、食糧難の時代を反映するところを三ヵ所。

《昭和十八年十月十七日……午前、甘藷の葉が一週間程前から赤くなって来たので、応接間の前の辺から掘り始める。苗の間が近かったためか一本で二百匁程しかない所あり、これでは全部で五十貫程度で、予想の半分である。それでも今後二ケ月間の補充食として役立つであろう。昼食はその藷にてすます。》

《昭和十八年十月二十三日……今日貞子（妻）と、家の畑の生産高を計算して見る。毎日藷類を一食分一貫目食べるとすると、甘藷が五六十貫（今年の成績）で二ケ月、馬鈴薯二ケ月、玉蜀黍で一ケ月、南瓜で一ケ月、それに小麦を一ケ月分と見て、総計で七ケ月分の一食の量は自家で作れる概算になる。それ以上のものは、他から買い入れねばならない。私の所の畑は百五六十坪あってこれぐらいだから、普通の大きさの庭しか持っていない家のことは推して知るべしである。》

《昭和十九年九月八日……朝食には昨夜の玉蜀黍の残りを食い、そのあと飯と味噌汁である。滋（長男）は玉蜀黍がうまいとて、懸命にそればかりほしがる。四五本を食べている。七月に馬鈴薯がとれてからは、この春のように粥を食わなくても、米の

不足する一食分は芋か南瓜か玉蜀黍で補い、鶏卵もあって、大食の滋も満足している。》

右の記述のなか、一貫目というのは三・七五キログラム、一匁というのは三・七五グラムである。

戦争中は食べ物を確保するために日比谷公園の芝生も畑にされたし、わたくしの学校のグラウンドも畑になった。住宅地では道路まで掘り返されて畑になった。道路の舗装されているところはほとんどなく、自動車の通行もまれだったから出来たことである。祖師谷でも、近隣の家が自家の接する道路を耕し始めたので、負けないようにうちも耕してトウモロコシを植えた。食糧難にまつわる話にはおかしな話、情けない話、哀れな話、醜い話、腹の立つ話、悲惨な話など、尽きることが無い。

次は昭和二十三年から数年間のサツマイモ作りのことである。これは戦後である。終戦後も食糧難は続いたからやむなくサツマイモ作りをしたのである。戦争末期わたくしたち一家は祖師谷の家を売って北海道に疎開した。そして戦争が終わって帰京したとき都下南多摩郡日野町の雑木林の中に家を建てて、ここでも畑を始めた。ともかく自分の手で食糧を生産しなければ空腹をかかえて我慢していなければならない時代だったからだ。

わたくしはここでわが農場に話題を転じ、話の結論を急がなければならないことは認識しているが、話は結論はおろか、まだ半分にも至っていないのに、紙数は尽きている。であるから、今回はこれまでである。

第16話 ―― 十月

サツマイモ考（その二）保存のためにムロを掘った昔話

戦争中、世田谷の家の庭で父親のサツマイモ栽培の助手をやったとき、わたくしは小学五年生だったが、次のサツマイモへの関与は戦争が終わった翌々年昭和二十二年で、中学三年生だった。

第二次世界大戦の後半、日本国民は慢性的食糧不足に悩んだが、戦争が終わっても状況は急には回復しなかった。当時、お米は国家の統制品で、国民は米穀通帳というものを持たされ、これを提示して食糧の配給を受けていた。米穀通帳は国民が命の次に大事にしたものだったが、それだけで命をつなぐことは出来なかった。

裁判所の某判事が、米穀通帳を抱えて餓死し、新聞記事になったことがあった。

彼は、国家のすることに間違いはない、国家は国民が生きていけるだけの食糧は配給しているはずだと信じて飢え死にしたのである。もちろん判事だけでない。多数の餓死者が出たはずだ。

飢え死にしたくない人は自助努力で食糧を調達した。父親の命令でわたくしが行ったサツマイモ栽培もその自助努力の一例にほかならなかった。

自分で栽培しなくても、買ってくればいいではないかと考える人もいるかもしれない。しかし食料品は大っぴらに売買出来ないから、そのために苦労しなければならなかった。取引はみな闇取引なのだ。その闇取引をするために都市居住者は生産地に行く必要があった。彼らは大事にしまっておいた上等な着物などをリュックに入れて汽車や電車に乗り、農村に足を運び、農家の戸を叩いてそういうものを提示して、交換に食糧を恵んでもらった。そういう人々の群れは買い出し部隊と呼ばれていたが、やっと手に入れたお米や芋が必ずしも彼らや彼らの家族の口に入るとは限らなかった。埼玉県や栃木県など近県からの買い出し帰りの人々をぎゅうぎゅうに乗せた列車は、突如東京の入り口の、たとえば赤羽の駅で停車を命じられる。そして乗客は全員ホームに下ろされ、空になった車内の臨検が行われる。そうして発見された食糧は、官憲によって無慈悲にも没収された。家族の命をつなぐためリュックいっぱいに芋を背負い、帰りの満員の汽車のデッキから振り落とされて死んでしまったという悲しい主婦の話もあった。

わたくしには話が逸《そ》れてゆくという性癖があって、すでにその作用によって話は逸れ始めている。本来わたくしが話そうとしていたのは、昭和二十二年、サツマイモ栽培を始めたということである。


さて、話を本筋に返すと、まず述べなければならないと思うのは、サツマイモを栽培した畑の所在である。東京都南多摩郡日野町芝山六九六七番地、というのがそこである。現在は東京都日野市多摩平という地名に変わっていて、四角に区画整理されて住宅地になっているが、当時は雑木林だった。最寄りの駅は中央線豊田駅で、駅からその場所まで約二十分の歩行だった。ずっと雑木林。ところどころ麦畑や桑畑という場所だった。

では、なぜそこだったのか。経緯ははっきりしているから、以下簡単に説明しよう。

昭和二十年五月、アメリカとの戦争は末期に入っていた。B29爆撃機によって東京はほとんど焼きつくされていた。わたくしの家は世田谷区の西の外れ、田園地帯だったから空襲では焼けそうもなかったが、父親はいずれ米軍が相模湾から上陸してくればこのあたりも戦場になる可能性があると考え、家を売って一家をあげて郷里北海道に逃げることにした。しかし、同時にこうも考えたのである。戦争はまもなく終わるだろう。終わったあと、いつになるか分からぬが東京は復興し、命長らえていればそこで自分は再び生活することになるだろう。そうだとすると、東京に戻るための足場を確保しておきたい。そう考えて買ったのが日野町芝山六九六七番地だった。買ったのは九百坪で、値段は坪三円だった。

このことについてはかれ自身のつぎのような文章が残っている。

《……十年後には戦争がすむであろうし、自分も生きていると思ったので、立川飛行場から一里半離れた淋しい林間に、九百坪の土地を買っておいた。その土地は駅から二十分かかり、木のウッソウと繁った雑木林であった。従って値は大変安かった。（平和となった暁、外国旅行に飛行機で出かけるには便利だ、と私は空想した）》（わが思索）

戦争は意外に早く終わった。十年はかからなかった。かれが家族を北海道に疎開させたのが五月。その三ヵ月後に戦争は終わったのである。敗戦の二年後、昭和二十二年の夏、かれは予定通りこの場所に家を建てて住み始めた。であるから、息子であったわたくしもこの家に住むことになったから、ここでサツマイモを栽培することになったのである。

引っ越したとき、家の建った部分以外は雑木林だったが、雑木林の中にすこし拓かれた場所があった。三十坪くらいである。雑草が生えてはいたが、よく見ると畝《うね》が切ってあって、ポヤポヤと生えているものがあった。陸稲《おかぼ》だった。父親は大工に家を建てさせると同時に、土地の百姓に頼んで雑木林を開墾してもらい、陸稲を蒔《ま》かせたのであった。開墾したての荒れ地、しかもたぶん肥料も無しでお米が出来るわけはなかったが、ともかく生えていたものは陸稲であると分かる形にはなっていた。

わたくしがこの畑でサツマイモ栽培を始めたのは昭和二十三年だった。世田谷にいたときの食糧生産の主役は父親だったが、今小説家のかれは毎日毎日原稿用紙のマス埋めに忙殺されていて、農業どころではなかった。

サツマイモの植え付け時期は五月である。穫り入れは十月である。その間わたくしは多忙になった。中学三年生であったが、食糧生産の責任者になったからだ。責任者としてまずわたくしが考えたのは畑の改良だった。苗を植えるためには畝を作る。出来れば肥料を入れる。それが耕作の第一段階であったが、鍬《くわ》を入れてみると畑の状態がとんでもないことに気付いたからである。鍬の刃が木の根に突き当たって仕方ないのである。土中に、開墾時に取り残されたいろいろの木の根が潜伏していたのだ。

土中に木の根を見つけると、両手につかみエイヤッと引っ張る。根は適当な抵抗は示しながらもたいていは抜けてきたが、なかには一メートルもある根もあった。こんな大きな根っこをそのままにして、百姓どもは昨年よくも陸稲なんか蒔いたものだ。いい加減な奴らだな。

根っこによってはいくら引っ張っても抜けてこないのがあった。わたくしのほうも態度を硬化させ、つかんで必死に引っ張る。だがびくともしない。そうなるとつかんでいる部分のその先方はどうなっているのか調べなければならなくなる。従って、鍬とシャベルで探索にかかったのであった。

抜けないわけが判明した。その根っこは雑木林に生えている大きなクヌギの根で、こちらの畑となった領分まで伸びていたのだ。現役の根だったのである。そういうわけではあったが、しかしそれはクヌギの悪意によるものでないことは明らかだった。もともとそうなっていただけのことだ。だが、こちら側では飢え死にするのがいやな人間が畑を作ろうとしているわけだから、そういうことをクヌギにも理解してもらって、この場合は根っこを切り取らせてもらわなければならなかった。

反対に、強力に頑張るからやはり生えている木の根っこにちがいないと、その由来を確かめるために、先をたどって行ったら、五メートルぐらい先で切れていたこともあった。父親がどれぐらい金を払ったのか知らないが、ともかく人にものを頼んでみても、監督もせずそのまま人任せにしておけばこういうことになるのである。その尻拭いをしているのがそのときのわたくしの立場だった。

いまならば雑木林の開墾など、ブルドーザーを使えば難なく出来るが、敗戦後の昭和二十三年にそんなものは無かった。鍬とシャベル、鉈《なた》、鋸《のこぎり》を使ってたたかうしかなかった。日野町のそのあたりの雑木林は数年から十年ぐらい伸びると切り倒して、薪《たきぎ》や粗朶《そだ》にする。切り倒した切り株からは蘖《ひこばえ》が生え、数年でまたもとの雑木林にもどる。秋の落ち葉はきれいに掻き集めて堆肥にする。昔からそのような利用のされ方をしていた。父が購入したそこばくの地面も、百メートルも二百メートルも続くそういう同じような雑木林の一部分だった。

最初の年、サツマイモを植えたのは百姓が拓いた畑だけだったが、翌年、昭和二十四年、わたくしは開墾地拡大計画を立てた。三十坪ではわが家が安心して食べてゆけるほどの収穫をすることが出来ないと考えたのだ。

実際に拡大計画を実施したとき、開墾といわれている労働の意味を知ることになった。徒手空拳の開墾事業というのは重労働だったのである。木を切り倒し幹や枝を整理する。それからその根株を抜いて始末する。この作業のうち、根株を掘り出すのが最大の難関だった。一株を片づけるのに何時間もかかった。一日働いてへとへとになった頃に日が暮れた。

最初の年には大きな収穫はなかったと思う。肥料が足りなかったからだ。いまと違って、肥料などというものは売っていなかった。頼れるものはわが一家の人員が生産するものだけであったが、便所の壺に大きな期待をかけることは出来なかった。肥料を生産するのはわが家では父親と母親と兄とわたくしと、まだ二歳の妹と、お手伝いのスミちゃんの六人だけだったからだ。二歳の妹などは一人前ではないから実質上五人だけだ。この五人ががんばって肥料を生産する。しかもその五人だって毎日腹いっぱい食べているわけでないから大きな生産量は期待できなかった。これは悪しき循環だった。腹いっぱい食べないから肥料の出が乏しくなる。肥料が乏しいからサツマイモがたくさんできない。サツマイモがたくさん出来ないから肥料が乏しくなる。そういう図式だった。わたくしは学校に行っても、この悪循環を断ち切るにはどうすればいいかとばかり考え、学校の成績はどんどん悪化していった。畑に肥料を撒《ま》くために肥柄杓《こえびしゃく》で便所の壺をさらうと、すぐ蓄えは底をつく。最後の一滴までさらおうとすると、ブリキの肥柄杓が壺の底でガリガリと音を立てるのである。あの最後のガリガリという音は、あれから六十年余りたったがいまでも耳の中に残っている。人間絶望の音だ。

それでもいろいろ努力をしたので二年目にはかなりの生産を得ることが出来た。

切り倒した樹木や掘り出した根っこを燃やして灰を畑に返したのが効いたのだと思う。

三年目にはたくさんの収穫を得たことは覚えている。望外の収穫を得て、庭先にサツマイモの山が出来た。興奮するほどだった。一家が冬越し出来る十分の量である。しかし、凍らせるとイモはダメになる。苦くなり、とても食べられるものではなくなる。それに対する方策は何か。保存には、床下に入れて蓆《むしろ》を掛けておくことが考えられるけれど、それだけで安心はできない。

あの頃、東京郊外の冬は厳しかった。井戸端が凍りついた。朝、ポンプを動かそうとしても凍りついて動かない。それで七輪の炭火で薬缶《やかん》に湯を沸かして、お湯をポンプに掛ける。この作業は注意深くしないといけない。お湯を全部使いきってもポンプが動かないことがある。

わたくしは一念発起してムロを作ることにした。ムロというのは何か。三省堂新明解国語辞典の助けを借りると、「外気から隔てて(中の温度を一定にして)物を入れたり育てたりする所」である。これはわたくしの場合、土中に掘る穴である。

穴の掘り方についてわたくしは学習済みだった。父親が家を建てたここ日野町芝山六九六七番地というところは、もともと人家の無いところだったから電気もなかったし水道もない。もちろんガスもない。電気が無いのはなんとかなった。家では蠟燭《ろうそく》とかアセチレンランプとか石油ランプを用いていた。だが水がないのはいけないから、父親は家を建てるのと同時に井戸屋を呼んで井戸を掘らせた。その井戸を掘るのを見ていたのである。この土地は多摩川の台地にあったから水のある砂利層まで六十尺ある。井戸屋はそれを掘ったのである。

井戸屋から学んだのは、穴はきれいに掘る、ということだった。もうひとつはゆっくり掘る、ということだ。もうひとつは垂直に掘る、である。さらにもうひとつ、柄を短くしたスコップとバケツを用意する、である。

わたくしは地面の上に肩幅よりすこし広い円を描いた。そうして、円の中をゆっくり掘り始めた。ゆっくり掘るというのは疲れないことで、疲れないから楽しくいつまでも掘り続けることが出来た。井戸屋のやりかたは正しかった。

このあたりの表土は黒土である。それが一尺も掘ると赤土交じりになり、そのあとはどっしりとした純粋の赤土となる。しっかりしているから崩れたりしない。三尺も掘ると穴の中に入っての作業となる。狭いから、こうなると長柄のスコップは使えない。用意しておいた短いスコップの登場となる。これで掘り進む。穴の壁はスコップで削ってきれいに仕上げながら掘り進むのである。それもわれながらうまく出来た。

穴掘りの基本的問題は土の排出である。胸の深さまではスコップで土を排出できるが、それより深くなると不可能になる。今度はバケツの登場となる。バケツに土を入れて、エイヤッと地上に放り投げるのである。だがそれもすぐ出来なくなる。どうするか。

井戸屋たちは丸太三本を穴の上で組んで櫓《やぐら》にし、滑車をぶら下げ、それにロープをかけ、ロープの先にバケツをしばりつけ、連れてきた女房たちにロープを引っ張らせていた。穴の底でバケツを叩くと女が二人ぐらいで引っ張るのだ。井戸は最後は十八メートルになったからバケツの往復だけでも時間がかかった。女たちの引っ張る距離も井戸の深さと同じだから最後は十八メートル引っ張っていた。井戸屋の仕事は見ていて面白かったし、井戸屋や女房たちも楽しそうだった。井戸が完成して、井戸屋たちが帰ったあと、残されていたのは井戸のほかに女たちがエッサエッサと行き来して出来た十八メートルの道路だった。

わたくしはいま、話をわたくし自身の穴のことに戻さなければいけないことを知るのである。で、どうなったのか、と言うと、穴の深さが頭まで来ると、作業はいったん停止になった。出入りに梯子《はしご》が必要となってきたからだ。それで梯子をこしらえて、穴に設置したのである。

梯子設置のあと、わたくしの場合、櫓もロープも無いし女たちもいなかったから、穴の底でただひたすら土をほじくり返した。そしてほじくった土が膝元までくると地上に上がり、バケツにつけた紐を引っ張って土を排出した。バケツ一杯ごとに梯子を一回登ったのである。

穴が頭より深くなると、世界が変わってきた。変わったということの第一はあたりが見えなくなるということである。見えるのは頭上の空だけになる。第二は土の匂いがするということである。悪い匂いではない。第三は空気がブワーッと暖かくなったことである。以上を要約すると、ブワーッと暖かくなり、土の匂いがし、見えるのは頭上の空だけ、である。これは地上で生活しているときとはまったく違う世界であった。すでに十一月だったから外は寒い。だが穴の中は暖かいのである。であるから、ここなら確かにサツマイモも安心して暮らすことができる。それを肌身で感じたのであった。穴を掘ったのは正しかった。

穴をどこまで深く掘るかが問題だった。穴掘りは面白いからいつまでも掘っていたいぐらいだった。しかし、不必要に深く掘るのもなんであるから、結論としてわたくしは両手を伸ばしても穴の縁に届かない深さとすることにした。夜中、サツマイモをねらう泥棒が来てムロに入り込んでも、出られない深さを考えたのである。最後、深さはそれまでとし、穴の底を拡大して、人間が胡坐《あぐら》をかいて座ってテーブルを置いて食事ができるぐらいに広げた。これでムロは完成。大量のサツマイモは無事に収納された。

サツマイモはわが家の腹の足しとして大活躍したのはもちろんだったが、わが家だけでない。父のところにはるばる東京都内からやってくる出版社の編集者たちのためにも役立った。電話のない時代である。かれらは父が在宅するか確かめようもなく、ともかく電車に乗って都心から一時間以上の時間をかけてやって来た。原稿依頼や相談事、締め切りのせまった原稿の催促や受け取りなどである。

編集者たちも常に腹を空かせてやって来た。原稿が出来ないと夜まで茶の間で待っているということもあった。そういうときに当然サツマイモが供される。それだけでない。うちに来る編集者たちは、原稿が貰えても貰えなくても、帰りには必ず何本かの蒸かしたサツマイモの新聞包みを母から貰ってうれしそうな顔をして帰って行った。

昭和二十九年、父は売れる作家になりお金が出来たので、もうすこし便利なところに移ろうと考えて、杉並区に転居した。引っ越すとき、穴に人が落ちるといけないのでわたくしは厚い板を重ねて穴に蓋をした。それから十年ぐらいしてここに来る機会があったが、十年間のあいだに板の上に土が積もり、草が生えていて、だれにもここに穴があることは分からなくなっていた。

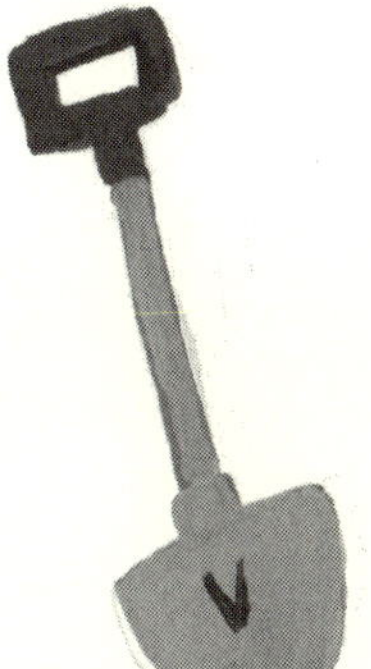

第17話 —— 十一月

菊とクワイ
菊がきれいに咲いたこと

十一月である。朝の空気はひんやりしている。通勤者は着ぶくれている。毎日朝早く彼らはそういう姿で足早に職場に向かう。毎日毎日アスファルト道路を駅に向かって歩いてゆく。

十一月は空気が澄み、頭上に雲一つない青空が広がる。遠くに丹沢の山、秩父の山が見える。男体山、浅間山も見える。十一月は格式を感じさせる月である。わたくしはずいぶん歳を取ってきたから、ときどき旅立ちの日のことを考えるのであるが、そういうとき、どうせなら十一月に旅立ちたいものと思う。

十一月は菊の薫る季節である。小学生のとき学校で明治節の歌というのを習った。あれから七十年以上経ったけれど、いまも歌うことが出来る。

《秋の空澄み　菊の香たかき　今日のよき日を　皆ことほぎて……》

明治節は十一月三日だった。いまその日は文化の日と名前を変えているが、十一月になって菊の匂いを嗅ぐと頭の中にこのメロディが流れ出す。

今年はわたくしの農場に菊が咲いている。菊を育てたのである。

菊といわず花を育てたのは初めてだった。一昨年、どこかからいただいた鉢の菊を、花が終わったあと、鉢から抜いて畑のわきの草むらに捨て植えにしておいた。それが昨年は草むらで貧弱な花を咲かせた。それで終わりかと思っていたら、今年の春また芽を伸ばしてきたのである。今度は可哀そうに思って東農場の片隅に植えなおした。一本ずつ植えた菊はひょろひょろと格好悪かったが根付くとどんどん伸び、一尺ぐらいに伸びると自分の体を支えられなくなって地に伏した。わたくしはそれを園芸用の支柱を持ち出して支えてやった。

拾ってきた犬を育てるようなものだった。情けをかけたらだんだん深みにはまり、手入れするようになってしまった。その結果、十一月になったいま、たいへん見事な花を咲かせているのである。色は黄色で、黄色が目が眩《くら》むほど明るい。大きな花ではない。ポンポン菊だった。まわりを普通の花弁が額のように取り巻いている。逆に言うと普通の菊の内側がポンポン菊、というような菊である。内側はちいさなラッパ状の花弁の集合体だ。咲いて日が経つにつれ黄色は濃さを増し色艶も良くなってきた。いただいた一昨年と比べ物にならぬほど立派な花になってしまった。

ひとに言われてわたくしは春から夏にかけて菊の丈を二回切り詰めた。最初は六月頃。菊がひょろひょろしていたとき、鋏で思い切って背丈を半分にしてやった。そうしたら、ちょん切られたところから数本の新芽が出てきた。それが枝となって伸びてきたのをまた切り詰めた。そうしたらそれぞれの枝先からさらに数本の新芽が出たのである。切り詰めの結果、一本だった菊が十本とか二十本の枝の集合体となり、それぞれの枝に複数の花芽がつき、それがこの十一月に見事な賑やかな菊花となったのである。もちろん肥料をやったし土寄せもした。

いまわが農場の片隅には、黄色い明るい菊が咲いているのである。毎朝、起きてくるとわたくしはガラス戸を開けて菊花を観賞する。ああ、わたくしは菊作りに適した人間だったのかもしれない。

菊のことはほどほどにして、わたくしは農場の十一月の様子に筆を転じなければいけないといま考えたところであるが、ついでだからもう少し菊について報告しよう。

こういうことである。いま述べたところによれば農場に咲いているのはポンポン菊だけのように考えられてしまうが、じつはほかもある。五月頃、ホームセンターの苗売り場でついつい菊苗を買ってしまったのだ。ポンポン菊の世話を始めたせいだろうか、いままで見向きもしなかった菊苗に目が留まってしまったのだ。買ったのはビニールポットに入ったスプレー菊と名札がついた苗だ。十センチぐらいの貧弱な苗だった。一つ百八十円だった。これを二種類買った。いったいスプレー菊というのはなんであるか正体も分からなかったが、百八十円だから買ったのである。三百円だったら買わなかったかもしれない。

六月に入るとこの菊もひょろひょろ伸びてきたので先をちょん切った。ところがお金で買ったものなので、ちょん切った穂先がもったいなくなり、ビニールポットに土を入れてそこに挿した。梅雨時なら植物の枝は挿せば根を出すと聞いたことがあったからだ。

十日ぐらいすると挿した穂先はいやにしっかりしてきた。そうしてまた十日ぐらい経つと背が伸び始めた。本当に着いたらしい。試しにポットから引っ張り出してみると五センチぐらいの白い根が何本も生えている。なるほど、人間とちがって植物には不可思議な生命力があるものだと納得した。それとともに、一株百八十円で購入したスプレー菊が二本になったから、単価は九十円になったと考えたのである。

この発見に勢いを得て、わたくしは株分けで育てた菊のほうも、どんどん先っぽを切って地面に挿した。そうすると十日もするとみな根を出した。こうなるとわたくしが世の中に怖いものなどないという気分に陥ってしまったのも自然の流れというべきであったろう。

これにさらに勢いを得て、わたくしはジャスミンのツルも挿してみた。ジャスミンは知り合いのお宅の垣根に繁茂していたのを三十センチほどちょん切っていただいてきたのである。それを持ち帰って十センチくらいに三本にしてビニールポットに挿した。このときわたくしはちょっとした失敗をしてしまった。三本にしたとき、ツルの上下が分からなくなってしまったのだ。葉っぱの出具合を見れば分かるとは思うのだが、ちょん切っていただいてきたツルは塀でさかさまにぶら下がっていたから葉っぱもさかさまになっている可能性がある。そう考えたので、十センチに切りわけたツルを前にして、どちら側が地面に近いほうであったのかずいぶん悩んだ。挿すためには地面に近かったほうを挿さなければいけないと思うからだった。

結局分からなかった。もういちどそのお宅に行って、こんどは間違いのないように、地面に近いほうに目印をつけて切ってこようか、とも考えた。しかしそのためには電車に乗って一時間かかる。往復で二時間だ。電車賃だってかかる。しかたなく三本とも天地が分からぬままビニールポットに挿した。

結果は三本のうち二本が着いた。しかし、二本がなぜ着いたのか、一本がなぜ着かなかったのか、理由は分からない。ただ、いま考えるのであるが、あのとき、ああいう状況に置かれたとき、わたくしが取るべきだったかもしれない道が一つだけあった。ビニールポットの中で十センチのツルをU字状に土に挿せばよかったかもしれないのである。天地がどちらであろうとも、こうすれば天も土に刺さっているけれど、地のほうも確実に土に刺さっているからである。なぜそのことに思い至らなかったか、やはり人間がしっかりしていないからだろう。

話がすこしずれてしまった。わたくしがもともと言おうとしていたのは、菊は挿せば着くという不思議さに誘われてたくさん挿してしまい、その結果、いま農場のかたわらは菊の真っ盛りになっているということだ。黄色のほかピンクもある。花びらが箒《ほうき》のように開いているのもある。コスモスのような花びらもある。なかなかきれいだ。

菊についてはこれぐらいにしておかないと肝心の農場に触れる暇がなくなってくる。

では十一月のわが農場はどのようになっているのか。

一言で報告しよう。農場はきれいさっぱり裸になっている。東農場、中農場、西農場とも畑は耕耘機《こううんき》で耕されたままで、何も蒔《ま》かれていない。東農場から西農場までぶっ通しで耕され一体化されている。

例年なら十一月にはダイコン、コマツナ、チンゲンサイ、ミズナ、ブロッコリ、カリフラワーなどが生えている。たいていは九月早々に蒔くから、ナッパ類は食べ時になっている。ダイコンは抜くまでにはまだひと月ぐらいかかるが、暮れから正月にかけて煮物、鍋物、味噌汁などに活躍する。例年二十本ぐらいわが家で生産される。

だが現在、農場は耕耘機で耕されたままの平らな裸の耕土である。

どうしてこういうことになったのか。原因はサツマイモである。

今年の夏、農場全体が生い茂るサツマイモのツルに征服されてしまったことはすでに報告したがそれが原因だった。征服されたこと自体は構わないが、サツマイモの収穫時期が十月であるということが問題を引き起こしてしまったのである。

九月の中ごろ、秋野菜播種《はしゅ》のためにサツマイモの出来の様子をさぐってみたらまだ肥っていなかった。それで仕方なく十月までサツマイモを畑全体に居座らせることになり、秋野菜播種の時期を逸してしまったのだ。

でも十月まで芋掘りを待ったらサツマイモはたくさん採れただろう、と言う人がいるかもしれないが、残念ながらサツマイモ栽培は大失敗だった。やはりツルボケしていた。十株のサツマイモから採れたのは親指ぐらいのイモ十個。どれもサツマイモというよりサツマイモの根っこというべきものだった。

ということになると、「じゃ、あなた、さんざんの目にあいましたね」と言う人がいるかもしれない。サツマイモについてはそのとおり、さんざんだった。だが何も蒔けなかったということについてはそうでもなかった。負け惜しみではなくそうなのだ。むしろ何も植わっていないことのほうが良いぐらいなのである。これはわたくし自身にとっても意外な発見だった。

それでわたくしは、なぜ蒔けなかったことが意外にも良いことだったと考えるに至ったのか考えてみた。

いろいろ考えてみると、原因はいくつかあることが分かった。

その第一は、いままで東農場、中農場、西農場と区分けされていたところが、全部ご破算にされてぶっ通しにホックリ返されていることである。こうなると地面が広々と見えて気持ちがいい。心の中に風が通り抜けるようないい気分になる。例えて言えば、三畳間三つの家に住むより九畳間に住むほうが気持ちがいいようなものである。

第二は農場を耕耘機で一気に耕してしまったということが原因である。シャベルや鍬《くわ》で耕すのと耕耘機で耕すのは違う。シャベルや鍬で耕すときには眼前に現れる旧作物の残存物一つひとつに挨拶しながら作業を進めることになるが、耕耘機だといちいちそんなことを言っていられない。耕耘機は回転刃物が地面に食い込みながら前進するように出来ている。そうすることによって結果的に地面が一定の深さに耕されてゆく。しかも運転者は回転する刃物によってぐいぐいと前方に引きずられて行く。ああだこうだ言っている間などないのである。どんどん前進して行くから農場の前作物の故事来歴などいちいち構ってはいられない。耕耘機のハンドルを握った人間は機械的に前進して行くのである。個人的な感情を差し挟む余裕など全くない。人間が電車に乗ってしまえばそれきりになるのと同じである。その結果耕耘機で耕された地面を眺め渡すと、地面が一定の深さに、一定の力学的作用で、均質的に耕されていることが分かるのである。それが見る人間の心中に快感を生む。

もう一つ原因はあった。それは現在農場に作物が何も植わっていないということ、それ自体に起因している。何も植わっていないということは心が休まることだったのだ。なんにもないから心を労する必要がないのである。

思えばこの十年間、一日として心の休まることはなかった。キャベツに青虫が付いていないか、ブロッコリに油虫が発生していないか。チンゲンサイが雑草に埋もれているのをなんとかしなければいけない。収穫しなかったコマツナがどんどん伸びて花が咲いている。あれではもう食べられない。カボチャにウドンコ病が発生したから早急に薬を買ってきて散布しなければいけない。噴霧器はずいぶん長いあいだ使わなかったから使えるだろうか。ツルナシインゲンが生り始めて実の重さで木がひっくりかえりそうだから支柱を立ててやらなければいけない。トマトの脇芽がずいぶん伸びてしまった。あれを欠いてやらなければいけないだろう。そろそろダイコンを蒔かなければ時機を逸してしまう。ナスに追肥をする必要があるから肥料を買ってこなければ。

そんなふうに毎日を過ごしてきたのだ。だがいまは何も生えていないから心の労しようもないのである。いまは十一月だというのも良いことだ。十一月に種蒔きする作物などないから、ゆっくり寝ていても構わない。温泉旅行に行っても構わない。人間万事塞翁が馬。この秋、わたくしは思いがけず楽な人生を手にすることができたのであった。

ということになると、それではこの秋お前はもう完全に農場から足を抜いているのか、と言う人が出てくるかもしれない。そうするとわたくしは、いやそうでもない。まだ完全に足を抜いたことにはならないと答えなければならなかったであろう。

何故か。それはクワイの収穫作業が残っていたからだ。

クワイ栽培を始めて今年は二年目である。昨年の栽培経過と結果はすでに報告した。今年の栽培経過についても毎月の農事報告の中でたびたび言及しているとおりで、今年は昨年に増してクワイに期待をかけていたのである。

昨年は初めての栽培だったからすべて手探り状態だった。栽培方法についてネットで調べてはみたが、情報はどれも一応のものにすぎず、大丈夫とは程遠い心持ちで取り組んだ。しかし、結論を言えば、菊がそうであったように、植物というのはそれほど気難しいものでなく、とにかく土の中に根を入れてやれば育つのであるから、わたくしのクワイもちゃんと育って、昨年の秋、総量一キロ五百グラムの塊茎を獲得することが出来たのは目出度いことだった。

今年のクワイつくりはその経験を背負って出発したから力が入っていた。

出発時から、ものごとはすべて昨年の経験をふまえて行われた。

まず、栽培池の大きさである。やはり出来るだけ大きいのが良いという確証をわたくしは得ていた。昨年、一辺が五十センチぐらいの魚箱で栽培してできた塊茎は、箱に押し付けられて変形していた。ぎゅうぎゅう過ぎたのである。しかも出来たクワイは小粒だった。それで、今年はトンボ角形タライジャンボという商品名の、縦横が八十六センチと六十六センチのプラスチックタライを見つけ栽培池にしたのである。これを四つ並べたのだ。昨年は小さい箱三つだったから、仕掛けは大型化していた。

植え付けの本数も考えた。昨年はクワイという草はどれぐらいの背丈になるものかも知らなかったから箱に植える本数に迷った。そして欲張って植え過ぎた。それで今年は本数を控えめにした。一箱四本としたのである。これは適切だったかもしれない。というのは十一月の半ば、茎もすっかり枯れてしまったとき収穫してみると、出てきた塊茎はいずれも昨年より大きかったからである。いちばん大きなものは直径が五センチ、重さは六十二グラムあった。昨年は最大で四センチ。重さは四十グラムだったから、塊茎は確実に大型化した。

塊茎大型化の原因は他にも考えられる。ネットから得た知識によって、「葉欠き」と「根回し」という作業を行ったためかと考えられるのである。

「葉欠き」というのは八月頃株が大きくなって葉が繁ったとき、葉の数を七枚ぐらいに制限することである。こうすると栄養分の葉への分配を制限できるという。「根回し」もやはり八月に行う。食用にするクワイというのは、株の根本から伸びた匍匐《ほふく》茎の先端に出来る塊茎なのだが、早いころに出来た匍匐茎には大きな塊茎が出来ないというのだ。それで八月下旬、株の周囲三十センチほどのところに鎌を入れ、ぐるりとまわりを切ってしまう。そうすると、その後に出てきた匍匐茎に大きな塊茎が出来る、というのである。

せっかく出来ている匍匐茎を切るのはすこし怖かったが、わたくしは実行した。大粒の塊茎が出来たのはそのためと考えたい。昨年は数は多かったが小粒が多かった。今年は逆に数は少ないが大粒だった。

こういうことで、わが家のおせち料理のクワイは確保された。これはこれなりに目出度いことである。なんだか人生に安心感が生まれたような気分である。しかし顧みると、わが家の今夏七月、八月、九月の水道料はどの月も平常の月より三千円高くなっていた。夏、吸い上げの盛んになったクワイ池に、毎月それだけの水を供給したためである。

来年もクワイを生産するかどうか、これはしばらく考えてみることにする。

第18話　十二月

新しい年への構想
『一年中野菜を絶やさず作る計画表』研究

十二月の東京。三十年ぶりの寒波襲来でクワイの池に氷が張った。棒で突いてみたが簡単に割れない。案外しっかりしている。それではとげんこつでゴツンと叩いたら割れた。厚さが四ミリぐらいある。隣のメダカの池も同じようだ。したがってメダカは氷の下に閉じ込められている。どんな気持ちになっているだろう。寒くてたまらないだろうが、メダカにはメダカの人生があるというふうに割り切らなければいけない。メダカはメダカに生まれてきたのだからメダカの人生を貫くほかない。

池がそんな具合だから農場の土もカチカチに凍っている。秋に耕耘機《こううんき》で耕したままだからふわふわしているはずなのに、上をツッカケで歩いても平気だ。シベリアの永遠の凍土、という言葉が頭に浮かぶ。そんな具合だ。

ひとは桜花や雪景色を眺めながらお酒を飲んだりする。そういうのを風流と言ったりする。しかし凍った裸の農場だってお酒を飲むに値しないことはない。ことに東京都内ではそうだと言える。土がカチカチに凍るということはしょっちゅうあることではないからだ。季節の風景に数えてもいい。

凍土をつぶさに眺めてみると、土はただ単に凍っているのではない。寒波襲来の夜中、土はまず霜柱を立てるらしい。じわりじわりと土中の水分が氷となって氷柱状態になる。霜柱をさらにつぶさに眺めると、柱は繊維の束のようになっている。タラバガニのモモ肉が繊維の束のようになっているのは万人の知るところであるが、ちょうどあんなふうになっているのである。

なぜそんなふうになっているのか。これは一考に値することであろうと思われるので考えてみた。思うに、土中の水分は凍りながら少しまた少し、という具合に垂直に成長してくるのである。それであああいう形になるのである、と考えてみたが実際のところはよく分からない。

霜柱は柱である。柱というものに言及するとき、その形状に関していちばん重要な要素は高さである。となると、十二月初旬、寒波襲来時の氷柱の高さは……

ところまで書いてきて、実証を重んじるわたくしは庭に出て物差しで実測したのであるが、意外にも今朝は三センチメートルだった。しかし、もっと寒い日には五センチメートルには達していたこともあったであろうと考える。

霜柱が立っているということは土の表面が持ち上げられているということである。しかも持ち上げられた土の表面はツッカケでからころと歩けるほどだから堅いのである。この状況は冷凍庫でカチカチに凍らせたシュークリームの皮を考えさせる。ただし、カチカチなのは皮だけで、内部のクリーム、というのは氷柱に相当する部分はそれほどではない。そんな具合だ。

農場の表土がそのようであるとき、生えている植物はどのような影響を受けるか。当然影響があるはずである。農業者としては当然そこを考える必要がある。たとえ三センチメートルであろうとも、表土が持ち上がってしまう。そうなった場合、生えている植物はどうなるのか。

答えはふたつだ。地中に深く根を下ろしている植物はそのままだろう、と思う。たとえばダイコンだ。毎年冬越しの作物としてダイコンを作っていたが、ダイコンなどは微動もしないだろう。そのままで、ただ周囲の土が持ち上がってゆくのを眺めているのだろう。だが芽をだして間もないような小さい植物は大変だろう。根っこから全部持ち上がってしまう。そうして昼になって霜柱が溶けるとまた地面に安着する。ひと冬、そんなことを繰り返す。植物にとっては冗談とはいえない大地震だ。それでも春になるとちゃんと育つのだから感心だ。

凍土の鑑賞はここまでとして、現実に戻らなければならない。来年の農場経営計画である。気がつけば、旬日を出でずして新しい年がやってこようとしているからだ。

庭先に農場を発足させてかれこれ十年になるが、地面が裸で年を越すのは初めてで、来年の出発時は諸事情が違う。例年はダイコンとかナッパが春先まで頑張っていて新年の作付け計画に影響を及ぼした。こんどはまったく自由である。いまわたくしは画家が新しいカンバスに向かうとき、多分こういう気持ちになるであろうと思われる心持ちで農場のことを考え、一種初々しい興奮的な心情を味わっている。

来年の計画を立てるにあたって、手元に一枚の資料が用意されている。農場経営をいままでは自己流でやる傾向があったが、今回は畑を裸にしたためか考えを変えたのである。先人の知恵を参考にして勉強したい、という謙虚な気持ちになったのだ。

用意した資料というのは亡父、小説家伊藤整の書斎で発見した『戦時農場の設計』と題された新聞紙大の一枚の印刷物である。これには「一年中野菜を絶やさず作る計画表」と副題がついている。発行元は東京都。「監輯　農商省農政局特産課　東京都経済局農務課」と書いてある。戦時というのは太平洋戦争のことだから七十年前のもので古いといえば古いのであるが、これを参考にすることにしたのである。

そのように古いものを参考にする理由は、これが太平洋戦争中、食糧供給が逼迫《ひっぱく》したとき、各家庭に野菜自家生産を奨励するために作られたものであるから真面目なものであるからだ。しかも、そういう事情で作られたために、表が対象としているのはわたくしと同じ規模の庭先農場である。規模の小ささがわたくしの農場にぴたりと適合する。それが理由である。この資料には、「例えば」として、十坪の庭の場合ならそれを二坪の五区画に分割して作付けすれば一年中野菜を切らすことがないと謳っている。これはすでにわたくしが行っている農場経営法に実によく似ている。そこがわたくしの心をくすぐったのである。

わたくしは農場を東農場、中農場、西農場の三農場に分割して運営してきた。今年春の正確な測量によると東農場は三坪半、中農場は三坪、西農場は五坪半。合計十二坪である。いま述べたように、『戦時農場の設計』は十坪を想定しているから、余裕をもって我が農場に適用できる。なんと心強いことではないか。考えてみると、わたくしには箱庭趣味があるにちがいない。日当たりの悪い猫の額のような庭を農場と称して、この十年間お金をかけて肥料を入れ、耕し続けたのはそういう心理作用による可能性がある。

七十年前の計画表であるということも気に入っている。これぐらい古い計画表に頼る農耕者は東京都内に十人とはいないだろうと考えるとうれしくなる。実行できればなお良い。七十年前に立てられた計画を実験するなどというのはロマンチックではないか。

わたくしは自らのこの実験を大賀ハスになぞらえて考えたいと思う。大賀ハスというのは、戦後まもない昭和二十六年頃、千葉検見川の泥炭地帯で発掘された二千年前の種から蘇ったハスである。このハスを見事に蘇らせたのは、ハス研究者大賀一郎博士であるから、蘇ったハスは大賀ハスと命名された。清楚な花である。

であるから、もしわたくしが七十年前の計画表に基づいて、十二坪の庭先農場で一年中家庭に野菜を切らさずに供給できたら、この技術をわたくしは伊藤式農法と名づけたいのであるがどうだろうか。

では『戦時農場の設計』というのはどういう設計書なのか。

わたくしは表をつぶさに研究してみた結果、これが実に精緻に組み立てられた設計書であることを知った。いま、精緻という言葉を使ったが、精緻という言葉の意味は、『新明解国語辞典』によれば「細かい点まで注意が行き届いていて、よく出来ている様子」である。そしてこの表はまさしく精緻中の精緻なるものであった。しかしすべての物事が精緻であればよいというわけでもない。世の中すべての物事が精緻であったらかえって厄介である。というのは、精緻であればあるほど、理解は困難になり、ちょっと見てすぐ「わかった」と言えなくなるからだ。

というわけであるから、わたくしは『戦時農場の設計』を解読し理解するのにかなりの時間と精力と集中力を必要とした。古いだけでなく、戦時中の粗悪な紙、粗悪な印刷物を老齢で老化した眼で見るのであるから大変だったが、わたくしは腰を落ち着けてじっくり研究した。そうして解明されたのは次のようなことだった。

最初、設計表全体の輪郭について記そう。

まず第一に、表は横書きである。用紙の上方に、季節による農事全体の運び方を示す表と、『畠の上手な使ひ方』という表が並んでいる。下方は七十種類ぐらいの作物の蒔《ま》き方、育て方を示す大きな一覧表となっていて、これが当設計表の本体である。

ところで、本体は本体として、当設計表の最大特徴は一見つけ足しのように思える上方の『畠の上手な使ひ方』にある。副題に謳われている「一年中野菜を絶やさず作る計画表」というのはこれなのだ。であるから、まず『畠の上手な使ひ方』について説明を始めよう。

『畠の上手な使ひ方』には、横書きの欄が上から下に向かって二十二段並んでいて、①から㉒までの番号がついている。そして、それぞれの欄に四種類ぐらいの作物名が書き込まれている。具体的に例をあげよう。

①欄には、馬鈴薯、余蒔胡瓜《よまききゅうり》、小かぶ、ほうれん草の四種類の名前を見ることができる。これらは何気なく書き込まれているように見えるのだが、実はここが『戦時農場の設計』書の核心である。表を見るわれわれは、この四種類の作物がいいかげんにここに書かれているのではなく、作付け時期と収穫時期が重ならないように工夫して選ばれているということを認識しなければならぬ。同じ地面に一年を通じて順繰りに種を蒔けば四種類すべてを栽培することが可能なひとつのグループなのだ。

四種類の作物の栽培時期は、棒線で月単位で示されている。馬鈴薯は三月から六月、余蒔胡瓜は六月から九月、小かぶは九月から十月、ほうれん草は十一月から四月、というふうである。

これで、記入された四種類の野菜を周年栽培できることが分かる。さらにこの欄には、ほかに括弧つきで、(小松菜)、(蔓無いんげん)、(えんどう)が書き込まれていて、これらにたいしては「(　)の内の野菜は同じ畑の畦に同時に作り始める」と注がついている。戦時中の追い詰められた食糧事情が地面をギリギリに利用しようという精神となって現れている。

二十二の欄があるということは、作物のグループが二十二あるということである。表の作者はよく考えてこれらのグループを作り上げたに違いない。これだけ用意しておけば年間を通じかなり自由に好みの野菜を作ることができるだろう。例えば農場を五区画に分割し異なる五グループの作付けをすれば、四種類掛ける五区画で、年間二十種類の野菜の収穫を得ることができるだろうと考えたのだ。

だが、理屈としてはたしかにそうだが、かならずしもそうはいかない。

こういうことである。

表中に示されたグループというのは、食堂で提供されるメニューに、天麩羅《てんぷら》のコースとか刺身のコースとかトンカツのコースなどがあるようなものである。こういうコースは名前は違っていても内情を調べると、赤だしとか茶碗蒸しとかタクアンなど共通の構成要素を含んでいる。同様にして、こちらのほうも二十二グループはあるものの、どのグループにもコマツナとか時無しダイコンなど、季節に敏感でない野菜が含まれているから、幾種類ものコースを選んでも意外に似た野菜が重なってくる。

そのほかにも、庭先農場のことであるから日当たりの善し悪しとか土の質により採用可能グループに制限が生じる。それらを含めての問題点は下方の作物の蒔き方、育て方欄に記されているから、作付けグループをえらぶときには、これらを確かめながら物事をすすめてゆくと、結果は案外さびしいものになる。

だが、そうではあっても、それらは『畠の上手な使ひ方』表の価値を減じるものではない。それどころでない。わたくしはこの表の作者の心意気を感じなければいけないと考えるのである。

その心意気は、この表で全野菜が色分けや点線実線などによって「根を食ふもの」「葉を食ふもの」「若茎を食ふもの」「實を食ふもの」に分かたれていることにも感じることができる。なんという心の行き届きかただろう。

『畠の上手な使ひ方』に関しては以上の説明で終わりにしよう。

つぎは表本体の作物別一覧表である。

この表を、いまわたくしは作物別一覧表と書いたが、とくにそのような名前がついているわけではない。ただ紹介するために名づければそういうことになるというだけのことである。

しからば、これはいかなるものであるか。

基本的特徴は、七十の作物を蒔き時順に並べた表である、ということである。推測であるが、このような方針を基本とした一覧表は他にもあると思う。誰でもこんなものがあったら便利だろうと考えそうなものだからだ。しかし、多分、これほどのすぐれものはないだろう、とわたくしは考える。何故か。

よく見てゆくと分かる。この表で例えば小松菜をさがしても、単なる「小松菜」というものはない。そのかわり、「小松菜(1)」というのがある。わたくしは最初、「小松菜(1)」では困るな、そんなものを蒔きたいわけじゃないんだ、蒔きたいのは純粋の「小松菜」なんだ、と思い、こんなやくざな表は捨ててしまおうと考えたくらいである。「小かぶ」もそうだ。単なる「小かぶ」はなくて、あるのは「小かぶ(1)」だ。わたくしは気分が悪くなったほどだ。

しかし目を欄の下まで走らせてみると、下の方に「小松菜(3)」「小かぶ(5)」などというのがある。そこでわたくしは少時腕を組んで考え、ようやく理解した。小かぶや小松菜などというのは年に何度も蒔けるから、蒔き時に番号をふってあったのだ。「小かぶ(1)」というのは蒔き時一回目の小かぶ、「小かぶ(3)」は三回目、「小かぶ(5)」は五回目ということだった。小松菜も同様。さらに調べると、複数回蒔けるものは三寸人参、キャベツ、不断草などいろいろあった。ということは、全体には野菜が七十種類ぐらい掲載されているように見えたが、実際のところは三十種類ぐらいかもしれない。

だが、それはそれでいい。そうであってもこの表は優れていると言える。蒔き時の重複を全部記載しているからこそ便利なのだ。縦軸に上から下まで列記された野菜の名前から目を横軸に走らせてゆくと、蒔き時の月と収穫時の月が上中下旬に分けて記載されている。二月下旬に蒔いた小松菜(1)は五月上中下旬に収穫、ということが分かる。

以上、『戦時農場の設計』を研究し終わったとき、わたくしはこの設計表から何を学んだのであろうかと少時腕を組んで考えた。そしてやがてひとつの結論を得て腕組みを解いたのである。

その結論というのは何か。

小規模農場の効率的運営のカギは蒔き時の遵守にある、ということをわたくしは学んでいたのであった。七十年前の農業指南書はそういうことを教えてくれたのである。

そこでわたくしは今年春に作成したわが農場の作付け図を引っ張り出してきて、『戦時農場の設計』と突き合わせてみた。作付け図には播種《はしゅ》日付が書き込んであるのだ。そして両者を照合したとき、わたくしの播種日付が全体的にすべて遅れていたことを知ったのである。『戦時農場の設計』が適当とする播種日付よりわたくしの播種はたいてい三週間ぐらい遅れていた。

わたくしは、なるほど、と膝を叩いた。

今年春の作付け図では、東農場にはツルナシインゲン、ノザワナ、ミズナなどが植えつけられ、中農場にはオシンダイコン、シシトウ、トマト、ナス、西農場にはキャベツ、ブロッコリ、レタス、オクラ、シュンギクなどがあった。だが栽培結果はおしなべて芳しくなかった。五段階評価法を適用して言えば、平均二だった。キャベツは目方でいうと八百屋店頭のものの半分ぐらい。オシンダイコンも長さ太さが半分ぐらいだったし、味噌汁にいれると溶けてしまった。オクラは生りはじめが遅かったし、生った数は百姓の畑の半分以下、ツルナシインゲンも姿が貧弱だった。トマトは生っている最中はずいぶん生ったような気分だったがお腹いっぱい食べられるほどは生らなかったし形も小さかった。シュンギクは例年なら放置しておいても食べられる大きさに育つのだが今年は途中で消えてしまった。

そうだったのか、とわたくしは考えた。これらはみな遅れ気味の農事の結果だったのだ。来年から、日にちの遵守を心がけよう。そうすれば来年はよりよい輝く農場になるだろう。きっとそうしよう、とわたくしは誓ったのである。

この本は、月刊『望星』二〇一一年六月号から二〇一三年二月号に連載した「閑人閑話」をまとめたものです。

あとがき

東京の久我山というところに居を定めていて、ここに猫額大の農場を開いている。ひらたく言うと家庭菜園である。

家庭菜園というものはいま日本全国津々浦々、どこに行っても目につく。日本の歴史のなかでもっとも家庭菜園の栄えている時代であると言える。とは言ってもあまたある菜園がみなうまくいっているわけではない。すごくうまくいっている菜園もあるが、いっぽう、苦労のあとは分かるのであるが、慰めてやりたいぐらい気の毒なものもある。

そこでわたくしの菜園はどうかというと、まあちょうどそのどっちでもないぐらいのできであるのである。本書の題名が『耕せど耕せど』となっていることにそれは象徴されている。この題名に下の句をつけるとすると、「なかなかである」ということになるであろう。

本書は平成二十三年の六月から二十五年二月まで、一年半にわたり月刊雑誌『望星』に連載した文章の集成である。雑誌連載であるから一回分の字数は決まっている。ところが書こうとしている内容が定められた字数で書ききれず、話が尻切れトンボになり、次回に書き足すはめになったことがなんどもあった。

わたくしの住むあたりはごみごみした住宅地で、当家はまわりをアパートに囲まれている。であるから陽当たりが良くない。これは菜園を主宰するわたくしにとり、とても残念なことである。どこか、朝から晩まで陽があたる菜園を持ちたい。それが念願であるが、打ち明け話になるがわたくしは昭和八年生まれで、あと長いことはないからこの望みの実現はこの世では難しそうである。

当地に腰をおろしてから三十年あまりである。菜園をはじめてからは十年ぐらいだ。その前は犬を飼っていて、庭は犬に専有されていた。専有されてはいたが野菜を作ることが不可能であったわけではない。しかしその間野菜栽培は行わなかった。野菜が育った頃犬が小便をするからである。小便をしても太陽が消毒してくれるとは思ったが、理屈ではそうであっても、小便をかけられたナッパを食べる気持ちにはなりにくいものなのである。

書物のあとがきというものは何を書くのがほんとうか、ということを考える。著者はすでに長々と本文のなかで言いたいことを言っているわけだから、それを書き終わった後にまだなにか言おうとするのはすごく女々しい態度であると言わざるを得ない。だからそんなものはやめたほうがいいと言う意見を言うことも可能であるが、あとがきというのが今日のように世の慣行となってしまうと、あとがきが無い書物のほうが変な感じになるということも否定できなくなる。「あれ、この本にはあとがきが無いよ。困るなあ。おかしいなあ。編集者が入れ忘れたのかな」と言う人が出てくる可能性がある。

本書のあとがきはひとつにはそういう意見が出てくることを予防するために書かれたものであるとはいえ、やはり言うべきことを言うために書かれたものでもある。

それは、本書は、雑誌『望星』の編集長石井靖彦氏のなみなみならぬ好意と助力によって出来上がったと言うことである。そのことをここに記して、感謝するものである。

平成二十五年五月吉日　　伊藤礼

伊藤　礼（いとう　れい）

1933年東京生まれ。一橋大学経済学部卒業。2002年まで日本大学芸術学部教授。著書に『伊藤整氏奮闘の生涯』『伊藤整氏こいぶみ往来』『狸ビール』『まちがいつづき』（以上講談社）、『パチリの人』（新潮社）、『こぐこぐ自転車』『自転車ぎこぎこ』（ともに平凡社）、『大東京 ぐるぐる自転車』（東海大学出版会）、訳書にマーガレット・ドラブル『針の眼』（新潮社）、D.H.ロレンス『チャタレイ夫人の恋人』（学研）など。『狸ビール』で講談社エッセイ賞受賞。

耕せど耕せど　久我山農場物語

2013年6月 4日　初版第1刷発行
2014年6月 4日　初版第3刷発行

著　　者　伊藤 礼
発 行 者　原田邦彦
発 行 所　東海教育研究所
〒160-0023　東京都新宿区西新宿7-4-3 升本ビル7 F
電話(03)3227-3700　FAX(03)3227-3701
月刊『望星』ホームページ　http://www.tokaiedu.co.jp/bosei/
発 売 所　東海大学出版部
〒257-0003　神奈川県秦野市南矢名3-10-35
電話(0463)79-3921
印　　刷　中央精版印刷株式会社

 ISBN978-4-486-03749-1 C0095